5巻
萱野《かやの》 茂《しげる》
北海道
2巻
パブロ・ピカソ
スペイン、フランス
1巻
マハトマ・ガンディー
インド
3巻
ワンガリ・マータイ
ケニア
1巻
阿波根《あはごん》昌鴻《しょうこう》
沖縄県
4巻
ネルソン・マンデラ
南アフリカ共和国

非暴力の人物伝 1

マハトマ・ガンディー
阿波根昌鴻《あはごんしょうこう》

支配とたたかった人びと

たからしげる　堀切リエ 著

大月書店

シリーズ『非暴力の人物伝』刊行によせて

強くなりたい、という気持ちはだれにでもあります。その気持ちが向上心《こうじょうしん》となって、きみたちを勉強やスポーツにかり立てることもあれば、もしかしたら教室のみんなを腕力《わんりょく》でしたがわせたいとか、世界を支配《しはい》したいなどと夢《ゆめ》見《み》させたりするかもしれません。

人間の歴史をふり返ってみると、大きな武力《ぶりょく》や権力《けんりょく》、あるいはお金の力をもった国や集団《しゅうだん》が、領土《りょうど》や資源《しげん》をもとめて戦争をはじめたり、他国や他の集《しゅう》団《だん》から利益《りえき》をしぼり取ったり、文化や宗教《しゅうきょう》や性別《せいべつ》のちがいを理由に差別したり、ということが少なくありませんでした。

もしきみたちが、そんな時代に生きていたら、と考えてみてください。戦争で攻《せ》めこまれたり、持っているものをうばわれたり、差別されたりする側にいたとすれば、その力こぶや腕力《わんりょく》でたちむかえますか。

でも、そういう時代を生き抜《ぬ》いてきた人たちがいます。この人たちは、自分のなかにある力を、腕力《わんりょく》や暴力《ぼうりょく》ではなく、知識《ちしき》や知恵《ちえ》としてたくわえ、信念や信条《しんじょう》として語り、やさしさや友情《ゆうじょう》や愛や、ときにはユーモアとして広めていきました。その行動は時代をこえ、国境《こっきょう》をこえて広がっていきました。

こうした非暴力《ひぼうりょく》の活動こそが、理不尽《りふじん》な支配《しはい》を終わらせ、人びとの心にしみついた、にくしみや偏見《へんけん》をときほぐし、ことばによっておたがいを説得し、理解《りかい》しあう民主主義《みんしゅしゅぎ》への道を一歩一歩ふみかためてきたのでした。

非暴力《ひぼうりょく》――それは世界を大きく変えた力でした。いったいそれはどんな力なのか、どういう人たちが切りひらいてきたのでしょうか。

さあ、この新しい力の扉《とびら》を開けてみましょう。

日本ペンクラブ会長　**吉岡　忍**

非暴力の人物伝 1

目次

「命こそ宝」をかかげ基地に反対した
阿波根昌鴻《あはごんしょうこう》　85

〈人物コラム〉

インド独立《どくりつ》を
非暴力《ひぼうりょく》で
かちとった
マハトマ・ガンディー

ガンディーが生きた時代は、インドを中心に現在《げんざい》のパキスタンからバングラディシュ、ミャンマーまでをふくむ広い地域《ちいき》がイギリスによって支配《しはい》されていました。
ガンディーは、イスラム教徒が多い現在のパキスタンやバングラディシュ（当時は東パキスタンとよばれました）もふくめた、ひとつのインドとしての独立《どくりつ》をめざしましたが、それは実現《じつげん》せず、パキスタンは別の国として独立しました。その後、東パキスタンが独立しバングラディシュとなりました。

序章《じょしょう》・サティヤーグラハとは

もしあなたが、だれかから、やりたくないことをやれといわれて、やらなかったとき、ぶたれたり、けられたりしたら、どんな気持ちになりますか？ たいていの人は、同じ暴力《ぼうりょく》で仕返しをしたくなるはずです。ところが、そうした暴力《ぼうりょく》による仕返しをいっさいしないで、相手に反省をうながし、筋《すじ》の通らないことや、暴力《ぼうりょく》による支配《しはい》をやめさせることができたら、どうでしょう。ガンディーはまさに、それをやってのけた人でした。

ガンディーの祖国《そこく》インドは、かつて長いあいだ、イギリスのアジア方面の貿《ぼう》易拠点《えききょてん》として支配《しはい》されていました。植民地《しょくみんち》といって、国民は何をするにしても、イギリス政府《せいふ》の顔色をうかがわなければなりません。そんな不自由な生活から国民を解《と》き放《はな》ったのが、インド独立《どくりつ》の父とよばれたガンディーでした。それは「非暴力《ひぼうりょく》」と「不服従《ふふくじゅう》」という、二つの方法によるものでした。

「非暴力《ひぼうりょく》」とは、暴力《ぼうりょく》を使わないことです。相手に暴力《ぼうりょく》をふるわれても、やり返してはいけません。とはいえ、それは、強い相手や、筋《すじ》がとおっていない攻撃《こうげき》に対して逆《さか》らわない、つまり無抵抗《むていこう》を意味するものではありません。ガンディーの非暴力主義《ひぼうりょくしゅぎ》は、「不服従《ふふくじゅう》」と切っても切りはなせないのです。

「不服従《ふふくじゅう》」とは、正しいとは思えない命令にはしたがわないことです。したがわないことで、その命令がいかに不当なものであるかを、まわりの人たちに知らせることができます。

この二つの約束を守ることで、ガンディーは150年にもわたるイギリスの植民地支配《しはい》に抵抗《ていこう》し、インドの独立《どくりつ》をかちとりました。

マハトマ・ガンディー

そのころ、イギリスやフランスなどの大国が植民地にしていたアジアやアフリカの国ぐにの抵抗運動《ていこう》は、暴力《ぼうりょく》をともなうのがふつうでした。

ガンディーが実践《じっせん》した非暴力《ひぼうりょく》と不服従《ふふくじゅう》は、インドのことばで「サティヤーグラハ」といいました。サティヤーは「真実」、グラハは「つかむ」という意味です。

ガンディーとはいったい、どんな人だったのでしょうか。

1 少年時代

ガンディーは1869年10月2日、インド西部の、アラビア海に面したポルバンダルという町に生まれました。正式な名前はモハンダス・カラムチャンド・ガンディーでした。

ガンディー家は代々《だいだい》、土地の王に仕えていて、父は、いまでいう大臣のような役割《やくわり》をになう人でした。そのため、くらしは裕福《ゆうふく》でしたが、結婚《けっこん》した妻《つま》につぎつぎと先立たれていました。ガンディーは、父とは22歳《さい》も年のはなれた4番目の妻《つま》が産んだ、娘《むすめ》1人、息子《むすこ》3人のうちの末っ子でした。

子どものころの
ガンディー

父は、ガンディーが7歳《さい》のとき、立場が上のイギリス人の駐在官《ちゅうざいかん》と言いあらそいをして、仕事をなくしてしまいました。一家はポルバンダルの北東にあるラジコットという内陸の町に引《ひ》っ越《こ》しました。

誠実《せいじつ》で寛大《かんだい》、やや短気だが正義《せいぎ》の人だった父と、みずからにきびしく、清ら

ガンディーの両親の肖像《しょうぞう》

かで信心深い、模範的《もはんてき》なヒンドゥー教徒の母に育てられたガンディーは、子どものころ、とても引っこみじあんで恥《は》ずかしがり屋でした。人とのつきあいが苦手で、学校が終わったら、飛ぶように家に帰ってくる毎日を送っていました。

いまでいう小学6年生のころでした。学校で書き取りの試験があって、ガンディーは五つ出された問題のなかで、「やかん」という単語のつづりをまちがえていました。

見まわりにきた先生がそれに気がついて、くつの先でガンディーをつつき、となりの子の答案を見てごらん、と言いたげな合図を送ってきました。でも、カンニングなど、とんでもない悪事だと思っていたガンディーは、先生が何を言いたいのかわかりませんでした。

試験が終わってから、先生が言いました。

「せっかく合図を送ってやったのに、知らんふりしていたじゃないか」

「合図って、何の合図ですか？」

「おいおい、それを先生に言わせようっていうのかい」

きまじめで、まわりの空気をよむのがへただったガンディーは、もっとあとになるまで、先生があのときカンニングをすすめていたなんて少しも気がつかなかったのです。

そのころガンディーは、近所にやってくる大道芸人《だいどうげいにん》が演《えん》じる芝居《しばい》に夢中《むちゅう》でした。とくに、インドの神話「ラーマーヤナ」に出てくるシュラヴァナという男の物語が気に入っていました。

シュラヴァナは、肩《かた》から下げた大きなかごに目の不自由な両親をのせて、聖《せい》地《ち》をめぐり歩きます。とちゅうで、のどがかわいた2人のために、森のなかを流れる川の水をくみに行ったときでした。狩《か》りをしていた王様が放《はな》った矢に当たり、シュラヴァナは死んでしまいます。

その死は悲劇的《ひげきてき》でしたが、シュラヴァナの生きかたはガンディーの心をゆさ

ぶりました。

「ぼくもシュラヴァナみたいに、父さんや母さんをたいせつにする息子になるんだ」

涙《なみだ》を流しながら、ガンディーは心にちかいました。

その後のガンディーが、あらゆる生命をうやまって、非暴力《ひぼうりょく》の信念を生みだすもとになったのは、こうした生まれつきの性格《せいかく》はもとより、母が日ごろ背中《せなか》でみせてくれた信心深さや、心の清らかさ、質素《しっそ》で堅実《けんじつ》な生活態度《たいど》だったのです。

信心深い両親に育てられたガンディーは、宗教上《しゅうきょうじょう》の理由から、動物の肉を食べませんでした。ところがあるとき、学校で親しくなった友人に、こう言われました。

「知ってるか？　イギリス人がぼくたちを支配《しはい》できるのは、やつらが肉を食べているからなんだぞ。きみたちは肉を食べない。だから弱いんだ」

「だけど、肉なんか食べられないよ。生まれたときからずっと、食べたことなんかない」

「そんなこと言ってるから、だめなんだ」

友人は肉食がゆるされるイスラム教徒だったので、ふだん野菜しか食べていないガンディーのやせ細ったからだを見て言いました。

「ぼくが、これだけがんじょうなからだをもっていて、足も速く、顔にできたブツブツもすぐに消えるのは、肉を食べているからなんだ。ぼくたちの先生も、えらい人も、肉を食べている人はじょうぶで頭がいい。きみも一度食べてごらん。どのくらい力がつくものか知って、きっとびっくりするから」

ガンディーの気持ちが動きました。

しばらくたって友人は、ガンディーをとある食堂につれていって、ひみつの肉料理を食べさせてくれました。

ガンディーは肉料理に夢中《むちゅう》になりました。でも、自分が肉を食べていることを両親にはないしょにしておかなければならないので、とても心が痛《いた》みました。

「よし。両親が生きているあいだは肉を食べるのをやめよう。２人ともこの世からいなくなったら、また肉を食べればいい」

ガンディーと兄（1886年ごろ）

しかし、ガンディーの兄のひとりもそのころ、ひそかに肉を食べていました。肉料理を食べるには、けっこうなお金がかかりました。そのためにふえた借金が返せなくなって、兄はこまっていました。

「どうしたらお金が返せるだろう？」

兄のなやみを解決《かいけつ》してやろうと、

ガンディーは一計を思いつきました。兄がいつもつけている純金《じゅんきん》の腕輪《うでわ》から、金を少しけずり落として売るのです。

もちろん、兄はそんなこと、いやがってゆるさないでしょう。ガンディーは、だれにもないしょで、ひとりでそれをやりとげました。

借金は返せました。でも、これは盗《ぬす》みをはたらいたことになります。考えれば考えるほど、ガンディーは自分がおかした罪《つみ》にたえられなくなってきました。

「こうなったら、父さんにすべて告白してゆるしをえよう。父さんは悲しむだろうけど、このままだまっているのはつらすぎる」

しかし、ガンディーは、その告白を口に出して言う勇気がありません。そこで、手紙に書いてわたすことにしました。

そのころ、ガンディーの年老いた父は、おしりの病気が悪化して、からだがどんどん弱ってきていました。いまでいう「痔《じ》」が、当時のインドでは深刻《しんこく》な病気だったのです。

寝《ね》たきりで、やがては命さえ危《あや》ぶまれるようになった父を、ガンディーは心をこめて看病《かんびょう》しました。傷口《きずぐち》の手当てをしたり、薬を調合して飲ませたり、血のめぐりが悪くなった足をマッサージしたりの毎日です。

そんな父は、ガンディーからわたされた手紙を読み終えると、ベッドに半身を起こして、しばらくだまっていました。

「このぼくに、どうか罰《ばつ》をあたえてください」

ガンディーが小さな、ふるえる声で言うと、父の目から大つぶの涙《なみだ》が、しわだらけのほおを伝って流れ落ちました。やがて、涙《なみだ》でぐしょぐしょになってしまった手紙を、父は両手で引き裂《さ》きました。

のちに、ガンディーは言っています。

「父のあの真珠《しんじゅ》のような愛の涙《なみだ》が、わたしの心を清め、罪《つみ》を洗《あら》い流してくれました。そうした愛は、経験《けいけん》した人にしかわかりません」

罰《ばつ》をあたえるために、なぐる、むちで打つ、肉体的に苦しめる、といった暴《ぼう》

力行為《りょくこうい》は、ガンディーの父が息子にみせた反応《はんのう》とは正反対のものといえます。

ガンディーにとって、このときの父がとった態度《たいど》こそ、サンスクリット語で「アヒンサー」といって、インドの宗教《しゅうきょう》に昔から伝わっている「不殺生《ふせっしょう》・害をあたえない」というものの考えかたでした。その後のガンディーは、この教えをしっかりと守り抜《ぬ》きます。


1882年、ガンディーはまだ13歳《さい》でしたが、インドの習慣《しゅうかん》にしたがって、同い年のカストゥルバという娘《むすめ》と結婚《けっこん》しました。いまの学年でいえば、どちらもまだ中学2年生くらいです。もちろん、結婚《けっこん》したからといっても学校生活はつづきました。

ガンディーに、アヒンサーの思想を教えてくれた父が亡《な》くなったのは、ガンディーが16歳《さい》のときでした。

数年後、父の死の悲しみからようやく立ち直りかけていたガンディーのもとに、家族の知りあいからこんな話がもたらされました。

「イギリスに行って、弁護士《べんごし》になる勉強をしてこないかね。紹介状《しょうかいじょう》を書いてもらってやるから、ぜひそうするがいい」

それまでガンディーは、それなりの勉強を積んできたのですが、地元の名門校といわれるサマルダース大学に入ってからは、教授《きょうじゅ》たちの講義《こうぎ》がむずかしくて、なかなかついていけなくなっていました。

「これからは、イギリスじこみの弁護士《べんごし》の時代がくる。留学《りゅうがく》こそ、おまえの未来をひらいてくれるだろう。心を決めなさい」

知りあいのその一言で、ガンディーはすっかりその気になりました。

そのころ、インドの若《わか》い者がひとりでイギリスに行くと、酒と異性《いせい》関係と肉食という三つの悪い習慣《しゅうかん》にたちまちそまって、人間としてすっかりだめになってしまうといわれていました。

ガンディーが属《ぞく》するカースト（*）、つまり同じ身分・階級《かいきゅう》の人たちの集まりは、ガンディーがイギリスへ行くならカーストから追放するといって、強く反対しました。

＊カースト……インドの社会に古くからある身分制度《せいど》。大きくはバラモン（僧《そう》）・クシャトリヤ（戦士・王族）・ヴァイシャ（平民）・シュードラ（奴隷《どれい》）の四つの集団《しゅうだん》があり、さらに何千もの細かい集団《しゅうだん》にわかれている。生まれた集団《しゅうだん》で職業《しょくぎょう》が決まり、結婚《けっこん》もその中でしかできない。インドの憲法《けんぽう》では否定《ひてい》されているが、現在《げんざい》も社会に根強く残っている。

しかし、ガンディーのイギリス留学《りゅうがく》を応援《おうえん》する母や兄の力強い後押《あとお》しがあって、1888年、ガンディーは単身イギリスへ留学《りゅうがく》します。18歳《さい》になっていました。

❷ 南アフリカで

1891年ごろ

英語もたいして話せず、肉も食べないガンディーは、イギリスで1日も早く、ほんもののイギリス紳士《しんし》のようにふるまえるよう必死で努力しました。

「インドでは、カーストから追放されてしまったからな。頼《たよ》れるのは家族だけだ。いまはもう、身も心もイギリス人になって、弁護士《べんごし》の資格《しかく》をとるよりほかはない」

そのかいあって、一度は落ちたロンドン大学の受験にも合格《ごうかく》し、およそ3年間にわたる留学《りゅうがく》生活は、どうにか順調に終えることができました。一貫《いっかん》して菜《さい》食主義《しょくしゅぎ》で、酒と色恋《いろこい》には無縁《むえん》でしたが、服装《ふくそう》も、ことばづかいも、すっかりイギリス紳士《しんし》のようになっていました。

1891年、ロンドンの法律《ほうりつ》学校で弁護士《べんごし》の資格《しかく》をとったガンディーがインドに帰ってくると、悲しい知らせが待っていました。

兄が教えてくれました。

「おまえがあっちに行っているあいだに、母さんが亡《な》くなったんだ」

ガンディーは深い悲しみにしずみ、愛する母の生きかたが、自分の心の成長にどれほど大きな影響《えいきょう》をあたえてくれたか、ふり返りました。しかし、いまは気を取り直して前に進むしかありません。

「せっかく手にした弁護士《べんごし》の資格《しかく》を、活用しなければ」

とはいうものの、人前で話をするのが苦手だったガンディーは、なかなか仕事に取り組めません。はじめての法廷《ほうてい》で、あらそっている相手側の証人《しょうにん》に反対尋問《じんもん》をしようとしたときの思い出は、だれもが笑ってしまうほどみじめでした。

「立ち上がったときのわたしの足はふるえ、頭はくらくらし、ことばが何も浮《う》かんできませんでした。ついに目の前が真っ暗になって、わたしはすわりこんでしまいました」（自伝より）

手にしていた弁護士《べんごし》としての代金は、そっくり依頼人《いらいにん》に返して、ガンディーは法廷《ほうてい》から逃《に》げるようにすがたを消したのです。

そんなときに舞《ま》いこんできたのが、イギリス領《りょう》南アフリカ連邦《れんぽう》（いまの南アフリカ共和国）で、インド人が現地《げんち》で経営《けいえい》する会社の顧問弁護士《こもんべんごし》にならないか、という誘《さそ》いでした。

「1年の契約《けいやく》でいいんだ。やってみないか」

インドでの居場所《いばしょ》がみつからなかったガンディーは、すぐに誘《さそ》いを受けました。

1893年、ガンディーは南アフリカにむかって旅立ちました。そこで、生《しょう》涯忘《がいわす》れることのできない強烈《きょうれつ》な体験をしたのです。

「おい、あんた。ここは一等車だぞ」

南アフリカに来てまもなくでした。旅行で乗った汽車が、とちゅうの駅に停《と》まって、ガンディーが座席《ざせき》にすわっていると、白人の駅員がやってきて言いました。

「さっさと貨物車に移《うつ》るんだ」

ガンディーはポケットから一等車の切符《きっぷ》をとりだして見せました。

「ごらんのとおり、切符《きっぷ》はあります」

「切符《きっぷ》なんか知るか。白人のお客様がもんくを言ってるんだぞ。すぐに貨物車へ行け」

「そんなこと言われても……」

「ぐずぐず言うな、インド人のくせに。貨物車がいやなら、ここで降《お》りるんだ」

駅員は、ガンディーを力ずくで座席《ざせき》から引きずりだすと、応援《おうえん》にやってきた警察官《けいさつかん》といっしょになって、ホームに放りだしました。

その場にしりもちをついて、見あげる汽車の窓《まど》から、旅行かばんが投げ捨《す》てられました。

汽車が行ってしまうと、ホームの奥《おく》にいた、ガンディーと同じくらい肌《はだ》の浅黒いインド人の男が寄《よ》ってきて言いました。

「あんた、白人といっしょに一等車に乗ろうとしたのかね。たいした度胸《どきょう》だ。南アフリカがどんな国だか、知らないようだな」

南アフリカは、インドと同じくイギリスの植民地支配《しはい》のもとにありました。その支配《しはい》はインドよりきびしく、移民《いみん》としてやってきた白人が、もともと住んでいた黒人や、アジアから来た人びとよりも上に立ち、社会のあらゆるところで優先《ゆうせん》される国でした。

インドから出稼《でかせ》ぎでやってきた多くの労働者や、南アフリカにもとから住ん

FIRST CLASS

でいた黒人などは、白人といっしょに汽車にも乗れず、ホテルにも泊《と》まれず、住む場所も自由に選べませんでした。その上、選挙権《せんきょけん》もなければ、土地をもつこともゆるされず、白人がいやがるきつい仕事ばかりやらされていたのです。

「白人もインド人も同じ人間なのに、なぜこのような不正がまかりとおるのだ。この理不尽《りふじん》な差別に負けて、しっぽを巻《ま》いてインドへ逃《に》げ帰るなら、わたしはただの腰《こし》ぬけだ」

そうつぶやいたガンディーは、ひそかに決心します。この国の現状《げんじょう》を変えるために、たたかわなければならない、と。それはまた、インド人としての誇《ほこ》りの問題でもありました。

たたかいの手段《しゅだん》はユニークでした。

たとえば、白人しか歩いてはいけないと決められている道を、ガンディーはわざと歩くのです。警察官《けいさつかん》がとんできて言います。

「こら、おまえ、インド人だろ。そこは白人専用《せんよう》の道だ。どいたどいた」

ガンディーはどかないで言い返します。

「そんなばかな決まりを、だれが守るものですか。この国の道は、みんなの道です」

「何だと。こいつ」

警察官《けいさつかん》は警棒《けいぼう》でガンディーをたたきます。道に倒《たお》れても、しつこくたたきつづけます。

ガンディーはまったくの無抵抗《むていこう》です。暴力《ぼうりょく》にたいして暴力《ぼうりょく》で返すことは、ぜったいにしません。暴力《ぼうりょく》にたいして暴力《ぼうりょく》で返せば、勝っても負けても、おたがいに憎《にく》しみが残るからです。だから、ガンディーは言います。

「暴力《ぼうりょく》はぜったいにいけない。だが、まちがっている命令には、ぜったいにしたがわない」

数年もたつと、ガンディーがとなえる「非暴力《ひぼうりょく》・不服従《ふふくじゅう》」による抵抗《ていこう》運動は、

武装《ぶそう》した警察官《けいさつかん》に、非暴力《ひぼうりょく》で抗議《こうぎ》するガンディー（中央）

差別に苦しむインド人移民《いみん》たちのあいだに、じょじょに広がっていきました。

　これは、ガンディーが亡《な》き父から受けついだアヒンサー（不殺生《ふせっしょう》）の思想と、みずからが名づけた「サティヤーグラハ」の信念を結びつけた、独自《どくじ》の抵抗手段《ていこうしゅだん》になりました。

　そんな日々《ひび》がつづいた1907年のことです。アジア人登録法といって、南アフリカでくらす8歳《さい》以上のインド系移民《けいいみん》は、国に身分を登録して、手にした証明書《しょうめいしょ》をいつも持ち歩かなければいけない、という法律《ほうりつ》が定められました。「暗黒法《あんこくほう》」とよばれるほど、人種差別を徹底《てってい》させる法律《ほうりつ》でした。

「そんな不正な法律《ほうりつ》に、だれがしたがうものか」

ガンディーは、自分が手にした証明書《しょうめいしょ》を、火をたいた釜《かま》のなかに投げ入れました。多くのインド人たちが、それにならいました。

また、キリスト教の儀式《ぎしき》にそっておこなわれなかった結婚《けっこん》は、すべて認《みと》められないという、白人中心の法律《ほうりつ》が定められたときにも、ガンディーは先頭に立って抗議《こうぎ》しました。

「ヒンドゥー教やイスラム教、ゾロアスター教といった宗教《しゅうきょう》を信仰《しんこう》している人たちは、一生結婚式《けっこんしき》があげられないじゃないか」

もちろん、ガンディーと妻《つま》のカストゥルバも、正式な夫婦《ふうふ》ではなくなります。

法律《ほうりつ》に反対するインド人の労働者や、家族の女性《じょせい》たちは、ガンディーがとなえる「非暴力《ひぼうりょく》・不服従《ふふくじゅう》」の信念のもと、各地ですわりこみやストライキをおこないました。

南アフリカでの運動に参加したインド人たち。
前列中央がガンディー

その結果、数千人という数のインド人が、いずれも無抵抗《むていこう》のまま警察《けいさつ》に逮捕《たいほ》されて、つぎつぎと刑務所《けいむしょ》に送られたのです。

刑務所《けいむしょ》での囚人《しゅうじん》のあつかいは、とてもひどいものでした。食事はろくなものが出ないどころか、古くてくさっていたといいます。

刑務所《けいむしょ》に入れられているあいだに熱病にかかって、ろくな手当てもされないまま釈放《しゃくほう》された16歳《さい》の少女との会話を、ガンディーは、よくおぼえています。

「あなたは、刑務所《けいむしょ》に入れられたことを後悔《こうかい》していないのかね」

「いいえ。わたしはいまでも、もしまた逮捕《たいほ》されれば、よろこんで刑務所《けいむしょ》に行きます」

「しかしだよ。そのために、あなたが命を落とすようなことになったら、どうする」

「それでもかまいません。わたしは正しいことをやっているのですから」

数日後、彼女《かのじょ》は息をひきとりました。

ガンディーは言いました。

「いわれなき罪《つみ》で、多くのインド人が刑務所《けいむしょ》にたたきこまれている。良識《りょうしき》ある世界の人びとがこの現状《げんじょう》を知れば、どう思うだろう」

南アフリカに来ている各国の新聞記者が、こうしたニュースをつぎつぎと世界に流しました。

ガンディー自身も、「非暴力《ひぼうりょく》・不服従《ふふくじゅう》」の信念のもとに、差別をうけているインド人を集めて農場をつくり、自給自足のくらしをはじめました。

また、「インディアン・オピニオン（インド人の意見）」という雑誌《ざっし》を発行して、自分たちの意見を発表しました。


そうしたなか、1913年には、炭鉱《たんこう》ではたらきながら差別を受けているインド人労働者たちによびかけて、大規模《だいきぼ》な行進をともなったストライキ運動もおこないました。

ガンディーは警察《けいさつ》に逮捕《たいほ》されて、刑務所《けいむしょ》に入れられますが、暴力《ぼうりょく》をまったくともなわない、こうした抵抗《ていこう》運動がますます広く知られると、海外から多くの賛同《さんどう》が寄《よ》せられました。

「ガンディーはすごい。暴力《ぼうりょく》でこの男を屈服《くっぷく》させることはもう、だれにもできない」

暴力《ぼうりょく》をふるわれても抵抗《ていこう》しない勇気あるすがたには、だれもが心を打たれると同時に同情《どうじょう》し、暴力《ぼうりょく》をふるう側に非難《ひなん》が集まるのは当然でした。

1914年、南アフリカ政府《せいふ》はついに、インド系移民《けいいみん》にたいする暗黒法や、結婚式《けっこんしき》の制限《せいげん》にかんする差別的な法律《ほうりつ》を白紙にもどしました。

ガンディーは勝ったのです。

とはいえ、イギリスの支配《しはい》はその後もつづき、それから30年以上がたって、南アフリカでは、白人が白人以外の人びとを差別し、かれらの自由を奪《うば》い取る、「アパルトヘイト」という悪名高い人種隔離政策《じんしゅかくりせいさく》がはじまります。それはなんと、それから40年以上もつづくのです（↓4巻）。

南アフリカでくらす白人以外の人びとの、自由を求めるたたかいの夜明けは、まだはるかな未来にありました。

南アフリカ時代（1913年ごろ）

3 インドへ帰る

はじめはたった1年の契約《けいやく》でした。それが結局、21年という長きにわたって南アフリカに滞在《たいざい》をつづけたガンディーは、1915年、ようやく祖国《そこく》インドに帰ってきました。46歳《さい》になっていました。

「おお、われらの英雄《えいゆう》、ガンディーが帰ってきたぞ」

植民地インドで、南アフリカと同じくイギリスの支配《しはい》による差別や圧政《あっせい》に苦しめられていた人びとは、いまや「非暴力《ひぼうりょく》・不服従《ふふくじゅう》」で世界的に有名になったガンディーの帰国を、心から歓迎《かんげい》しました。

1915年ごろ

郵 便 は が き

料金受取人払郵便

本郷局承認

2347

差出有効期間
2020年3月31日
まで

(切手を貼らずに
お出しください)

113-8790

473

(受取人)

東京都文京区本郷2-27-16 2F

大月書店 行

注文書

裏面に住所・氏名・電話番号を記入の上、このハガキを小社刊行物の注文にご利用ください。指定の書店にすぐにお送りします。指定がない場合はブックサービスで直送いたします。その場合は書籍代税込1500円未満は530円、税込1500円以上は230円の送料を書籍代とともに宅配時にお支払いください。

書 名	ご注文冊数
	冊
	冊
	冊
	冊
	冊

指定書店名 (地名・支店名などもご記入下さい)	

ご購読ありがとうございました。今後の出版企画の参考にさせていただきますので、下記アンケートへのご協力をお願いします。

▼※下の欄の太線で囲まれた部分は必ずご記入くださるようお願いします。

●購入された本のタイトル		
お名前《フリガナ》		年齢　　　　歳
電話番号（　　　　）　　—	ご職業	
ご住所　〒		

●どちらで購入されましたか。

市町村区　　　　　　書 店

●ご購入になられたきっかけ、この本をお読みになった感想、また大月書店の出版物に対するご意見・ご要望などをお聞かせください。

●どのようなジャンルやテーマに興味をお持ちですか。

●よくお読みになる雑誌・新聞などをお教えください。

●今後、ご希望の方には、小社の図書目録および随時に新刊案内をお送りします。ご希望の方は、下の□に✓をご記入ください。

□ 大月書店からの出版案内を受け取ることを希望します。

メールマガジン配信希望の方は、大月書店ホームページよりご登録ください。（登録・配信は無料です）

いただいたご感想は、お名前・ご住所をのぞいて一部紹介させていただく場合があります。他の目的で使用することはございません。このハガキは当社が責任を持って廃棄いたします。ご協力ありがとうございました。

ボンベイ（いまのムンバイ）の港に上陸したガンディーは、そこで数日すごしてから、汽車に乗っていくつかの町を旅しながら、生まれ故郷《こきょう》のポルバンダルをめざすことにしました。

ガンディーが乗ろうとしたのは、汽車の三等車でした。インド人のなかでも、いちばんまずしい人たちが乗る車両です。

「おい、おまえ、熱をはかるんだ」

三等車の乗客にかぎって、病人がまぎれこんでいないか、病原菌《びょうげんきん》のついた食物やくだものが運ばれていないかを調べる役目の検疫官《けんえきかん》が、えらそうな口調でガンディーに言いました。

そのころインドでは、おそろしい伝染病《でんせんびょう》のペストがはやっていたのです。ガンディーは熱をはかって、検疫官《けんえきかん》に報告《ほうこく》しました。

「微熱《びねつ》があるじゃないか。ラジコットに着いたら、医師《いし》のもとにいくんだ。

忘《わす》れるなよ」

検疫官《けんえきかん》はそう言って、ガンディーの名前をノートにひかえました。

ラジコットは、ガンディーが7歳《さい》のときから家族で住んでいた、第二のふるさとです。汽車がラジコットに着いたので、ガンディーは町に1泊《ぱく》することにしました。翌朝《よくあさ》、指定された医師《いし》のもとをたずねました。

「これはまた、ガンディーさまではございませんか。検疫官《けんえきかん》がたいへん失礼なことをいたしました。まさか、ガンディーさまと知っていれば、調べはパスしてもよろしかったのに」

そう言ってあやまるので、ガンディーは言いました。

「いいえ。あの検疫官《けんえきかん》は、自分の仕事をしたまでです。しかし、この国では役人たちが三等車の客を同胞《どうほう》とはみなさず、ヒツジの群《む》れのようにあつかっていますね。三等車の客たちも、役人にたいしては、めしつかいのように卑屈《ひくつ》になっているのがあわれです」

インド人のだれもが、汽車の三等車に乗っている貧乏人《びんぼうにん》がおかれている境遇《きょうぐう》を自分でも体験して理解《りかい》しなければ、この国の改革《かいかく》はできないとガンディーは思いました。

そのころイギリスは、人類史上はじめての世界戦争となった、第1次世界大戦に参戦していました。

「インド人も独立《どくりつ》をかちとるためには、イギリスが巻《ま》きこまれている戦争に義勇軍《ぎゆうぐん》として参加して、いっしょにたたかうことが必要だ」

そうすれば、イギリス政府《せいふ》はインド人にたいして、これまでのような一方的な支配《しはい》をゆるめて、自由の一部を返してくれるはずだという話が、まことしやかに流れていたのです。

そうした声が聞こえてくると、ガンディーは野戦《やせん》病院隊を組織《そしき》して、戦場でけがをした兵隊たちを救護《きゅうご》する任務《にんむ》を買って出ました。

「いま、イギリスのためにわれわれインド人がからだをはって協力すれば、いずれは独立《どくりつ》の道がひらかれるはずだ」

ほどなくガンディーは、肋膜炎《ろくまくえん》という病気にかかってヨーロッパの戦場からインドに帰ってきました。その後、国民会議派《こくみんかいぎは》という、イギリスからの独立《どくりつ》をめざす政治団体《せいじだんたい》に参加して、その中心メンバーになります。

そのころのインド人のくらしは、ほとんどがイギリスの手にそまっていました。服ひとつとっても、イギリスの工場でできたものを、みんなが買って着ていました。

イギリスはインド人を、ただ力でおさえつけるだけではなく、生活に必要なイギリス製《せい》の物資《ぶっし》や必需品《ひつじゅひん》をたくさん買わせることで、自国の利益《りえき》をふくらませていたのです。

「おかげで、昔からさかんだったわが国の綿《めん》産業は、いまや見る影《かげ》もなくなってきている。まずは、いまのイギリス中心のくらしを変えなければいけない」

ガンディーは、いまではだれも使っていない、インドに古くから伝わるチャルカという糸車（手つむぎ機）に目をつけました。

「だれか、いまでもチャルカを持っている人はいないだろうか？」

チャルカの伝統的《でんとうてき》なつむぎ手は女性《じょせい》でした。

そんなある日、ガンディーのもとに、1台の古いチャルカが運ばれてきました。昔それを使っていたお年寄《としよ》りの女性《じょせい》が、ようやく探《さが》しだして、持ってきてくれたのです。

ガンディーはよろこび、その日からチャルカを回してインド綿《めん》をつむぎはじめました。

「チャルカこそ、独立《どくりつ》運動のシンボルだ」

ガンディーみずからチャルカを回してインド製《せい》の綿糸《めんし》を作り、インド綿《めん》でできたそまつな布《ぬの》をからだに巻《ま》いているすがたを見て、多くのインド人がイギリ

チャルカを回して糸をつむぐガンディー

ス製《せい》の服を買うのをやめて、古いチャルカをあちらこちらから探《さが》しだしてきては、回すようになりました。

ガンディーがチャルカを回すすがたは、このときからインド独立《どくりつ》運動のシンボルになりました。インドの伝統的《でんとうてき》な衣装《いしょう》を着て、伝統《でんとう》的《てき》な道具で、伝統《でんとう》にそった綿《めん》をつむいでいるのですから、インド人ならだれでも、そのすがたにたちまち愛国心をかきたてられます。

それはまた、「スワラージ」と

いって、インドのことばで「自治《じち》や民族の独立《どくりつ》」をめざすための、ささやかながらも力強い生活の変化の第一歩でもあったのです。

やがて、イギリス製《せい》の服はだれも買わなくなるどころか、広場の一か所に集められて、焼きはらわれることもしばしばになりました。

こうした動きに危機感《ききかん》をもったインド総督《そうとく》は、1919年、ローラット法といって、「インド総督《そうとく》は、令状《れいじょう》がなくても、あやしいと思った者は自由に逮捕《たいほ》でき、裁判《さいばん》にかけなくても刑務所《けいむしょ》に送ることができる」という、じつに身勝手な法律《ほうりつ》を定めたのです。

インド総督《そうとく》とは、イギリス政府《せいふ》から派遣《はけん》されて、植民地インドを支配《しはい》している役所の長官のことです。

「戦争に協力したら独立《どくりつ》できると思っていたのに、まったく逆《ぎゃく》のしうちではないか」

ガンディーはこの法律《ほうりつ》に抗議《こうぎ》して、インドでははじめてのサティヤーグラハ、すなわち「非暴力《ひぼうりょく》・不服従《ふふくじゅう》」による抵抗《ていこう》運動に入ります。
「われわれはパンをもとめて石をあたえられた。この屈辱《くつじょく》にたいして、4月6日をサティヤーグラハの日と決めて、みんなで抵抗《ていこう》しよう」
抵抗《ていこう》の手段《しゅだん》としておこなわれたのは、インドのことばで「ハルタール」とよばれるものでした。全国いっせいに店を閉《と》じ、工場を止め、学校は休みにして、断食《だんじき》して身を清め、各地で集会をひらくのです。

しかし、その日がきて各地でハルタールの集会がひらかれると、警察官《けいさつかん》たちは「勝手に集会をひらいてはならない」といって、こん棒《ぼう》をふり上げ、抗議《こうぎ》する人たちめがけて、つぎつぎと打撃《だげき》の雨をふらせました。

たしかに、人びとが集会をひらくことは新しい法律《ほうりつ》で禁止《きんし》されていました。とはいえ、サティヤーグラハの精神《せいしん》は「非暴力《ひぼうりょく》」と同時に、不正な命令には徹《てっ》底《てい》して「不服従《ふふくじゅう》」をつらぬくことでした。

なかには、それにがまんができなくなって「非暴力《ひぼうりょく》」を捨《す》て、武器《ぶき》をもって警察署《けいさつしょ》や商店、銀行に殴《なぐ》りこみをかける群衆《ぐんしゅう》もいました。

その月の13日には、インド北西部からパキスタン北東部にまたがるパンジャブ地方のアムリットサルという町で、おそろしい悲劇《ひげき》がおきました。


広場で人びとが話しあっています。

「今日の集会には、ガンディーも来るのだろうか？」

「それはもう、ガンディーが来てくれたら、わしらに怖《こわ》いものはない」

「ずいぶんたくさん集まったものだ」

のちの記録によると、この日の抗議《こうぎ》集会には、インド各地の都市や農村から2万人もの人びとが集まったといいます。

そのとき、だれかが言いました。

「ガンディーは、こっちにむかっているとちゅうで、この集会をひらいた首《しゅ》謀者《ぼうしゃ》として逮捕《たいほ》されたみたいだぞ」

知らせはあっというまに広がって、群衆《ぐんしゅう》がどよめきました。だれもがイギリス当局のやりかたに怒《いか》りをみなぎらせていました。

しかし、そんな群衆《ぐんしゅう》の、いつ暴動《ぼうどう》になるかもわからない雲行きのあやしさが予想されていたのでしょうか。広場のむこう側に、いつのまにやらイギリス軍の兵隊がずらっとならんで、群衆《ぐんしゅう》のほうに顔をむけています。

「おい、あれを見ろ」

「軍隊が出動してきたみたいだぞ」

と、将軍《しょうぐん》の帽子《ぼうし》をかぶった指揮官《しきかん》らしい男が、いきなり号令をかけました。

「うちかた、よーい」

なんと、兵隊たちはいっせいに銃《じゅう》をかまえると、群衆《ぐんしゅう》にねらいをつけました。

「うて!」

指揮官《しきかん》が命令すると同時に、兵隊たちの銃《じゅう》がいっせいに火をふきました。

「わあ、逃《に》げろ」

「きゃあー」

その場に集まった、武器《ぶき》も持っていない人びとにたいして、イギリス軍は無差別に銃《じゅう》を発砲《はっぽう》してきたのです。

男も女も、老人も子どももも赤んぼうも、血を流してばたばたと倒《たお》れていきます。広場はたちまち、逃《に》げまどう人びとのさけび声が銃声《じゅうせい》と重なって、見るもおそろしい地獄《じごく》と化しました。

いくら集会を解散《かいさん》させるためとはいえ、イギリスの軍隊のこのようなやりかたは、イギリスの支配者《しはいしゃ》がインドの人びとを人間として見ていない、明らかな証拠《しょうこ》でした。

銃声《じゅうせい》がやんだとき、広場には400人近い人びとの死体が横たわり、1500人をこえるけが人が、うめき声を発していたのです。

❹ 塩の行進

アムリットサルの大虐殺《だいぎゃくさつ》は、インドの人びとに大きな衝撃《しょうげき》をあたえました。

「何が非暴力《ひぼうりょく》だ。何が不服従《ふふくじゅう》だ。やつらは、おれたちを虫けらのように殺しまくった。こうなったらもう、サティヤーグラハなんかやってはいられない。仕返しだ」

怒《いか》りを爆発《ばくはつ》させた人びとは各地にあふれて、電車のレールをはがしたり、電線を切断《せつだん》したり、駅になだれこんだり、役所に押《お》し入って役人を殺したりしました。

アムリットサルの広場には、虐殺《ぎゃくさつ》を記憶《きおく》にとどめる記念碑《きねんひ》がいまもたっています。

こうした悲しいニュースを耳にしたガンディーは言いました。

「仲間や身内を殺されて、相手をやつざきにしてやりたいという気持ちはわかります。しかし、敵《てき》をゆるすことは、敵《てき》を罰《ばっ》するより、ずっと気高《けだか》い行為《こうい》だということを、どうか忘《わす》れないでほしい」

1920年、ガンディーは友人が運営《うんえい》している週刊《しゅうかん》の新聞「ヤング・インディア」に、つぎのようなことばをのせました。

「暴力《ぼうりょく》によって真理を普及《ふきゅう》させることはできません。自分たちの目標が正しいと信じる人たちは、無限《むげん》の忍耐《にんたい》をもたなければいけません。そうした人たちだけが、明らかに罪《つみ》となる不服従《ふふくじゅう》に走ったり、暴力《ぼうりょく》にうったえたりすることなく、市民としての不服従《ふふくじゅう》をなしとげることができるのです」

ここでいう「罪《つみ》となる不服従《ふふくじゅう》」とは、人間として守らなければならない、たとえば「盗《ぬす》んではいけない」「だましてはいけない」といった基本的《きほんてき》な法律《ほうりつ》や決まりにしたがわないことをさします。

ガンディーはまた、こうも書きました。

「力は、腕力《わんりょく》からではなく、不屈《ふくつ》の意志《いし》から生まれます」


しかし、各地での暴動《ぼうどう》は広がるばかりでした。1922年には、とある村で、警察官《けいさつかん》の発砲《はっぽう》に怒《おこ》った約3000人の民衆《みんしゅう》が、警察署《けいさつしょ》を襲撃《しゅうげき》し、建物に火を放ちました。その結果、22人の警察官《けいさつかん》が焼死したのです。

このまま野放しにしていたら、暴力《ぼうりょく》はさらなる暴力《ぼうりょく》をよんで、インドはとんでもない暴力《ぼうりょく》のどろ沼《ぬま》につかってしまいます。

「人びとはまだ、わたしがとなえるサティヤーグラハへの取り組みかたを完全に理解《りかい》していなかったようだ。わたしのよびかけは、時期が早すぎたのかもしれない」

この時点においてガンディーは、これ以上の犠牲者《ぎせいしゃ》がイギリス政府《せいふ》側にも、インドの民衆《みんしゅう》側にも出ないようにと考え、ひとまずサティヤーグラハ運動の中止を宣言《せんげん》します。

といっても、インド独立《どくりつ》の志《こころざし》を捨《す》てたわけではありません。その後、数年間、不当に逮捕《たいほ》されて刑務所《けいむしょ》に投げこまれている時期もありましたが、ガンディーはどうやってインド独立《どくりつ》の運動を「非暴力《ひぼうりょく》・不服従《ふふくじゅう》」の信念のもとに人びとのものにするか、その具体的な方法をずっと考えていたのです。

そのころ、イギリス政府《せいふ》は、インド人が使う塩を独占《どくせん》して作り、売っていました。しかも、塩を買う人には特別の税金《ぜいきん》がかかり、その収入《しゅうにゅう》もすべてイギリス政府《せいふ》にもたらされるしくみになっていました。

人は塩がなければ生きていけません。インドは暑い国です。重労働をしいられて、汗《あせ》を流している人はなおさらです。

「なぜ、そのようなインドの人びとが、インドの海岸でとれる塩にもかかわらず、それをとることも作ることも、売ることもゆるされないのだろうか」

これほどの不当はありません。そこでガンディーは思いつきました。

「みんなで声をかけあって海へ行き、自分たちのために塩を作ろう！」

もちろん、サティヤーグラハ、すなわち「非暴力《ひぼうりょく》・不服従《ふふくじゅう》」の信念にもとづいた行動でなければいけません。ガンディーはこの試みを「塩の行進」と名づけました。

1930年3月12日、60歳《さい》になっていたガンディーは、ふるさとからそれほど離《はな》れていないアーメダバードという町の近郊《きんこう》で、天に祈《いの》りをささげました。

「どうか、塩の行進が成功して、祖国《そこく》インドが独立《どくりつ》に導《みちび》かれますように」

ガンディーがみずから選んで集めた、はじめは78人の参加者のなかには、ヒンドゥー教徒やイスラム教徒など異《こと》なる宗教《しゅうきょう》の信者や、カーストの集団《しゅうだん》を超《こ》えた、さまざまな身分の人たちが混《ま》じっていました。

スワラージ（自治）をめざし、「インドはひとつ」であることを示《しめ》すために、一行はアラビア海の東にあるカンベイ湾《わん》に面するダンディーという海岸まで、

ガンディーとともに行進する人びと

３９０キロの道のりを歩きはじめました。

これが新聞のニュースとなって、インド各地に知らされたのですが、人びとの反応《はんのう》は最初のうち、あまりぱっとしませんでした。

そのころ、ガンディーを師《し》とあおぎ、ともにインド独立《どくりつ》運動の指導者《しどうしゃ》となっていたジャワハルラール・ネルー（↓コラム）は言いました。

「ガンディーはなぜ、塩などというささいな問題にこだわって、こんなことをはじめたのだろう。よくわからない人だ」

イギリス政府《せいふ》によってインドの支配《しはい》をまかされているアーウィン総督《そうとく》は、ときのイギリス国王ジョージ5世に、つぎのような報告《ほうこく》をしています。

「自分たちで海まで行って、みんなで禁制品《きんせいひん》の塩を作ろうというよびかけのようですが、もの笑いのたねになっております。こちらから、とくにやめろというのもばからしいので、放っておきましょう。いずれみんな歩くのにあきて、家に帰るのではないでしょうか」

行進のとちゅうで一行は、イギリス支配《しはい》によってまずしいくらしをしいられている村々《むらむら》をめぐり、集まってきた人びとにガンディーはうったえかけました。

「人が塩なくして生きていけないことは、だれもが知っている事実です。わたしたちが日常《にちじょう》、手にしている塩には、イギリス政府《せいふ》によって法外な税金《ぜいきん》がかけられています。その税金《ぜいきん》はみんな、イギリスの総督《そうとく》たちが、ぜいたくなくらしをするために使われているのです」

ガンディーが来て、みんなに話をしているという情報《じょうほう》が流れ、近隣《きんりん》からも人がぞくぞくと集まってきました。

「みなさん、わたしたちはいま、イギリスによるこの国の支配《しはい》をやめさせ、祖国独立《そこくどくりつ》のために、まずは塩を自分たちの手で作ろうと、ダンディーの海岸めざして抗議《こうぎ》の行進をしているところです。ぜひ、ともに歩いて海岸に行き、みんなで塩を作りましょう」

「よし。おれもいっしょに行くぞ」

「わたしも、ついていくわ」

「海岸で、塩を作るんだ!」

男も女も、老人も子どもも、ヒンドゥー教徒もイスラム教徒も、いまやっている仕事や遊びを投げだして、ガンディーとともに海をめざす行進に加わりました。

行進の列が大きな町にさしかかると、ガンディーはふたたび立ち止まって、道を行く人びとにこうよびかけました。

「この町ではたらいている役人のみなさん。あなたがたはいま、イギ

リスによるこの国の支配《しはい》の片棒《かたぼう》をかついでいるのです。インド人でありながら、同じインドの民《たみ》を支配《しはい》するような仕事は、勇気をもってやめてください。そして、インド人としての誇《ほこ》りをもってぜひ、この行進に参加してください」

いつのまにか、行進の列には、町長や警察署長《けいさつしょちょう》といった人びとの顔も混《ま》じるようになってきました。また、国の内外からやってきた新聞記者や雑誌《ざっし》記者も、同行取材をしようと列に加わってきたのです。

いつのまにか「塩の行進」の参加者は、何千人という数にまで増《ふ》えていきました。

ことがここまで大きくなるとは、まるで予想していなかったアーウィン総督《そうとく》はあわてました。しかし、ここでガンディーの行動にストップをかけるには遅《おそ》すぎました。

「へたに取り締《し》まって、ガンディーを逮捕《たいほ》などしたら、やつを独立《どくりつ》運動の殉教者《じゅんきょうしゃ》として祭り上げてしまうことになる」

殉教者《じゅんきょうしゃ》とは本来、信仰《しんこう》する宗教《しゅうきょう》のために命を捨《す》てる人のことですが、ここでは、それほどまでに強い決意で「塩の行進」にのぞんだインドの英雄《えいゆう》、という意味になるでしょう。ガンディーを英雄《えいゆう》にしてしまったら、その後、ガンディーを崇拝《すうはい》する民衆《みんしゅう》の取り締《し》まりができなくなると思ったのです。

出発から24日目の4月6日、ダンディーの海岸が目の前に迫《せま》ってきたとき、行進の列の長さは約3キロにまで達していました。そこには、当初ガンディーのことを「よくわからない人だ」と言って「塩の行進」に首をかしげたネルーのすがたもありました。

翌日《よくじつ》の朝、ガンディーは、かつてインド人がインド人のために塩を作っていた海岸に行くと、身をかがめました。

ひとにぎりの砂《すな》にまみれた塩を手にとって、言いました。

「この海岸でとれる塩で、わたしたちはイギリスの支配《しはい》を根底からゆさぶるのです。たとえ手首が切り落とされようとも、つかんだ塩を放してはなりません。インドの誇《ほこ》りは、この塩にこそあるのですから」

人びとがいっせいに歓声《かんせい》を上げました。

「塩の行進」は、ガンディーがなしとげたさまざまな偉業《いぎょう》のなかでも、もっとも世に知られたパフォーマンスになりました。世界じゅうの新聞がきそって記事として取り上げ、ガンディーの名前を一躍《いちやく》、世界に知らしめたのです。

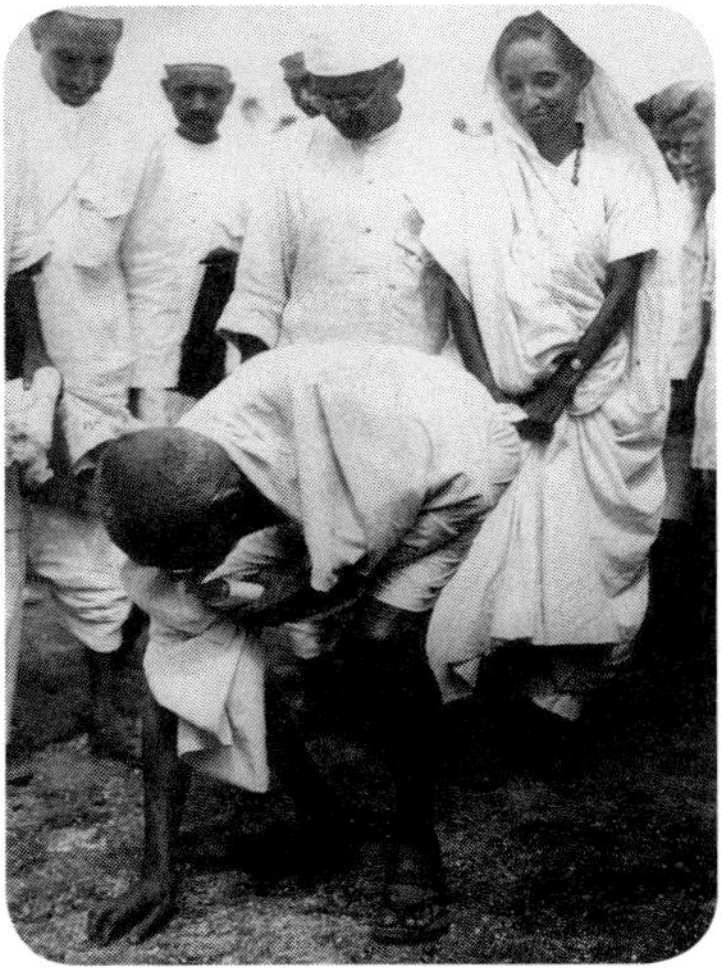

海岸で塩をすくうガンディーを
人びとが見守ります。

5 インド独立《どくりつ》と暗殺

妻《つま》の
カストゥルバとともに

ガンディーが指揮《しき》した「塩の行進」は、たんにイギリス政府《せいふ》によるインド植民地においての「塩の専売《せんばい》」に抗議《こうぎ》するだけの運動ではありませんでした。そのむこうにあったのはスワラージ、すなわちインド民衆《みんしゅう》による祖国独立《そこくどくりつ》をめざした、イギリス政府《せいふ》にたいしての力強い要求でした。

これをきっかけに、「塩の行進」はインド各地で、さまざまなかたちをとっておこなわれるようになります。ついには、500万人もの人びとが参加する大衆《たいしゅう》運動に発展《はってん》していきました。

同時に、以前からつづいているイギリス製品《せいひん》の不買《ふばい》運動や、塩以外のものにもかけられている税金《ぜいきん》の不払《ふばら》い運動、工場労働者のストライキ、ハルタール（閉店《へいてん》、休業、断食《だんじき》、祈《いの》り）も、いよいよさかんになってインド全土に広がっていきました。

「このままインド人どもの勝手をゆるしておくわけにはいかない。どれも、りっぱな反政府《はんせいふ》運動だ」

事態《じたい》の深刻《しんこく》さに気がついた、ときのイギリスのマクドナルド首相はそうさけぶと、インド総督府《そうとくふ》に指令を発しました。

「わが大イギリス帝国《ていこく》の名誉《めいよ》にかけて、反政府《はんせいふ》運動をかたっぱしから鎮圧《ちんあつ》せよ」

イギリス政府《せいふ》の命令を忠実《ちゅうじつ》に実行する警察官《けいさつかん》や兵士たちは、新たな「塩の行進」をはじめとする反政府《はんせいふ》運動を食い止めるために、集まってきた人びとの頭やからだに、警棒《けいぼう》やこん棒《ぼう》の雨をふらせはじめました。

その結果、数週間という短い期間に、インド各地で逮捕《たいほ》されて刑務所《けいむしょ》に入れられた人びとの数は10万人をこえたのです。

いまや、刑務所《けいむしょ》の監獄《かんごく》はどこも逮捕者《たいほしゃ》でいっぱいになりました。臨時《りんじ》の施設《しせつ》を作らないと入りきらないほどです。

ガンディーは、ときのアーウィン総督《そうとく》に手紙を書いて、宣言《せんげん》しました。

「多くのインド人が、各地でいわれのない暴行《ぼうこう》を受けています。この運動を最初に指揮《しき》したのは、わたしです。われわれインド人を暴力《ぼうりょく》によって抑圧《よくあつ》しようとするイギリス政府《せいふ》に強く抗議《こうぎ》します。もともと、われわれのものだった塩を、われわれの手に完全に取りもどすために、ここに、製塩《せいえん》工場の所有権《しょゆうけん》を要求し、デモをおこなう予定であることをお伝えします」

翌日《よくじつ》、ガンディーは逮捕《たいほ》されました。

しかし、ここにきてイギリス政府《せいふ》は、ガンディーが先頭に立って日々《ひび》もりあげてきたインドの独立《どくりつ》運動にたいして、どのような態度《たいど》をとるべきか、真剣《しんけん》に考えはじめたのです。

1931年、刑務所《けいむしょ》から出てきたガンディーは、総督府《そうとくふ》にむかいました。このときのガンディーは、マクドナルド首相から「インド独立《どくりつ》にかかわるイギリス政府《せいふ》の交渉《こうしょう》相手は、この男しかいない」と指名されていました。

ガンディーはアーウィン総督《そうとく》と協定を結んで、抵抗《ていこう》運動を一時中断《ちゅうだん》するかわりに、インド人による塩の製造《せいぞう》と、刑務所《けいむしょ》に入っている政治犯《せいじはん》の釈放《しゃくほう》を約束させました。

しかし、それからインドが真にイギリスからの独立《どくりつ》をかちとるまでには、さらなるたたかいの歳月《さいげつ》が必要となります。

その年、アーウィンにかわってインド総督《そうとく》となったウェリントンは、そうかんたんに相手と妥協《だきょう》しない、強硬《きょうこう》な性格《せいかく》でした。

1932年、ガンディーがまたもや逮捕《たいほ》されると、一時なりをひそめていた抵抗《ていこう》運動が、ふたたびインド各地でもえあがります。

いっぽうで、「非暴力《ひぼうりょく》・不服従《ふふくじゅう》など生ぬるい」とするインド国内の過激派《かげきは》も、

独立《どくりつ》の交渉《こうしょう》のためにヨーロッパを訪問《ほうもん》すると、
各地で人びとがガンディーを迎《むか》えました。

各地で暴動《ぼうどう》をおこすようになっていました。イギリス政府《せいふ》は、ふたたび弾圧《だんあつ》の雨をふらせます。

「ガンディーのやりかたはもう古い。暴力《ぼうりょく》には暴力《ぼうりょく》をもって返そう。武力《ぶりょく》の行使こそ、正義《せいぎ》を実現《じつげん》するにはいちばんの方法なんだ」

そんな考えかたが、そのころからインドばかりではなく、世界にもあふれてきました。戦争が近づいてきたのです。

インド国内では、「ガンディ

ーはもう時代遅《じだいおく》れの、ただの老人さ」と言う者もあらわれてきました。

やがて1939年、第2次世界大戦がはじまると、2年後の12月、日本はアメリカとイギリスに宣戦布告《せんせんふこく》し、日本とイギリスも戦うことになりました。

日清《にっしん》・日露《にちろ》戦争に勝利して、朝鮮《ちょうせん》半島を力ずくで自国の領土《りょうど》とし、第1次世界大戦も乗りこえてきた日本は、イギリスやアメリカと肩《かた》をならべる世界の強国になりたかったのです。そこで目をつけたのが、最後の王国となった清朝《しんちょう》の衰退《すいたい》によって混乱《こんらん》している中国でした。

イギリスやアメリカに先んじて、広大な土地と膨大《ぼうだい》な資源《しげん》をもった中国の利権《りけん》を手に入れようと考えた日本の軍部は、中国への侵略《しんりゃく》を決めました。それがアメリカなどから非難《ひなん》され、ついに戦争になったのです。

戦争のゆくえを冷静な目で見ていたガンディーは、1942年、「すべての日本人に」と題する文書をインドの新聞に寄《よ》せました。

「わたしは、あなたがた日本人が中国に加えている攻撃《こうげき》を極度にきらっているることを、はっきり申し上げておかなければなりません」

武力《ぶりょく》による勝利のむなしさと、武力《ぶりょく》や権威《けんい》をもって他国を支配《しはい》しようともくろむ帝国主義《ていこくしゅぎ》戦争の不正義《ふせいぎ》をうったえたのです。しかし、軍国主義《しゅぎ》にそまった当時の日本政府《せいふ》が、そのことばを聞くことはありませんでした。

1945年8月6日、アメリカの爆撃機《ばくげきき》が広島に、人類史上初の、都市を標的にした原子爆弾《げんしばくだん》を投下しました。およそ14万人の市民が亡《な》くなったといわれています。このニュースを知ったガンディーは言いました。

「原子爆弾《げんしばくだん》という恐怖《きょうふ》の存在《そんざい》によって、世界に非暴力《ひぼうりょく》を実現《じつげん》させることはできません」

非暴力《ひぼうりょく》、すなわち平和の実現《じつげん》は、あくまでも非暴力《ひぼうりょく》からしか生まれないのです。

1947年8月15日、ガンディーが長年夢見《ゆめみ》てきた、インドの独立《どくりつ》がついに実現《じつげん》しました。日本の敗戦から2年、「塩の行進」からは17年がたっていました。

しかし、国内では、ヒンドゥー教徒とイスラム教徒の対立が高まってきていて、独立《どくりつ》した国家はヒンドゥー教徒が多勢《たぜい》をしめるインドと、イスラム教徒が多勢《たぜい》をしめるパキスタンに分かれてしまいました。

「こんな結果になるとは思わなかった」

78歳《さい》になっていたガンディーは老いた肩《かた》を落として、ひとり悲嘆《ひたん》にくれました。インド独立《どくりつ》の功労者《こうろうしゃ》として、宗教《しゅうきょう》をこえて人びとから信望を集めていたガンディーでしたが、「あくまでインドは、ひとつの国でなくてはならない」と主張《しゅちょう》していたため、その後におこなわれた独立《どくりつ》式典には出席しませんでした。

それまでヒンドゥー教徒、イスラム教徒、シーク教徒など、さまざまな宗教《しゅうきょう》を信じる人たちが混《ま》じりあってくらしていたインドとパキスタンは、それぞれヒンドゥー一色、イスラム一色にぬりかえられてしまったため、各地で少数派《しょうすうは》

イスラム教徒とヒンドゥー教徒の和解《わかい》をうったえて、
弟子《でし》たちとともにガンディーは各地を巡礼《じゅんれい》しました。

となった人びとへの弾圧《だんあつ》が高まり、流血の惨事《さんじ》がくりかえされました。

多数派《たすうは》に追われた少数派《しょうすうは》は、難民《なんみん》となって各地にあふれ返りました。

12月には、インドとパキスタンの国境《こっきょう》付近で大きな衝突《しょうとつ》があり、ふたたび大量の血が流されそうになりました。

「宗教《しゅうきょう》は人と神、人と人を結びつけるもののはず。どうして、宗教《しゅうきょう》の名において殺しあわなければならないのか」

ガンディーはつぶやくと、二つの宗教《しゅうきょう》グループの和解《わかい》をもとめて、断食《だんじき》に入りました。

そのまま6日がたちました。やせていたガンディーのからだが、さらにやせおとろえていくすがたを見て、対立していた双方《そうほう》の指導者《しどうしゃ》は、ガンディーの名において武器《ぶき》を捨《す》てたのです。

ところが、そんなガンディーのことを「ヒンドゥー教徒の国インドで、イスラム教徒の味方をするのは、祖国《そこく》の裏切《うらぎ》り者だ」と後ろ指をさす者が出てきました。

翌《よく》1948年1月30日の夕刻《ゆうこく》でした。

ガンディーは、インドの首都ニューデリーにあるビルラー邸《てい》とよばれる屋敷《やしき》で、夕食を終えたところでした。中庭には、ガンディーが毎晩《まいばん》、日課にしている夕べの礼拝《れいはい》で、ともに祈《いの》ろうとする人たちが集まっていました。

「それでは、まいりましょうか」

ガンディーは、いつもかけている針金《はりがね》のツルのめがねのふちに手をやり、はき古したサンダルに足をつっかけると、老いてやせ細ったからだを玄関《げんかん》まで運びました。

ビルラー邸《てい》で夕べの祈《いの》りをするガンディー

数人の従者《じゅうしゃ》をともなったガンディーは、杖《つえ》をにぎりしめて、中庭にある小さな寺院にむかって、ゆっくりと歩きはじめました。

寺院の近くまで来たときです。中庭に集まっていた人びとのなかにいた、ひとりの青年が、やや緊張《きんちょう》したおももちでガンディーに近づいてきました。片手《かたて》をポケットに入れています。

「やあ、こんばんは。きみは？」

ガンディーが親しく声をかけると、青年はポケットに入れていた手を引きぬきました。けん銃《じゅう》がにぎられていました。ガンディーの胸《むね》に、3発の銃弾《じゅうだん》がうちこまれました。

「おお、神よ……」

ガンディーはつぶやき、青年にむかって、みずからのひたいに手をあてると、その場に倒《たお》れました。イスラム教で「あなたをゆるす」という、無言のサインでした。

青年は、イスラム教徒との融和《ゆうわ》をきらう、狂信的《きょうしんてき》なヒンドゥー教徒でした。

生涯《しょうがい》を通じて暴力《ぼうりょく》を否定《ひてい》し、人とのふれあいでは平和的で愛情《あいじょう》にあふれ、正しく誠実《せいじつ》で、公正であることを第一としたガンディーのことを、インドの国民的詩人ラビンドラナート・タゴールは、「偉大《いだい》なる魂《たましい》」という意味から「マハートマ」とよびました。

ガンディーの葬儀《そうぎ》は
国をあげておこなわれました。

ガンディーの死後、インドはガンディーの遺志《いし》をうけつぎ、報復《ほうふく》ではなく、さまざまな宗教《しゅうきょう》をおたがいに認《みと》めあう、バランスのとれた国家をめざすようになりました。

生前のガンディーにもっともかわいがられた弟子《でし》で、独立《どくりつ》後のインドの初代首相になったネルーは、ガンディー暗殺後に出《しゅつ》演《えん》したラジオ番組で、ガンディーのことを「バプー」（お父さん）とよび、インドを照らしてきた光にたとえながら、こう話しています。

「これほど長く、この国を照らしてくれたバプーの光は、これから先も長いあいだ、おそらくは１０００年先でもなお、わたしたちの国を照らしだしてくれるのではないでしょうか」

マハトマ・ガンディー…年表

●1869年（明治2年）10月2日　インド西部のグジャラート州ポルバンダルに生まれる。

●1876年（7歳《さい》）一家でポルバンダルの北東にあるラジコットに引っ越《こ》す。

●1882年（13歳《さい》）カストゥルバと結婚《けっこん》。

●1885年（16歳《さい》）父カラムチャンドが死去。

●1888年（19歳《さい》）弁護士《べんごし》になるためイギリスへ留学《りゅうがく》。

●1891年（22歳《さい》）弁護士資格《べんごししかく》を得て帰国。母プトゥリーバーイの死を知る。

●1893年（24歳《さい》）現地《げんち》の法律顧問《ほうりつこもん》として南アフリカへ渡《わた》る。

●1896年（27歳《さい》）インドに一時帰国。妻子《さいし》らとともに、ふたたび南アフリカへ。

●1904年（35歳《さい》）フェニックス農園を建設《けんせつ》。雑誌《ざっし》「インディアン・オピニオン」を創刊《そうかん》。

●1907年（38歳《さい》）インド系移民《けいいみん》を差別する暗黒法に抗議《こうぎ》して、非暴力《ひぼうりょく》のサティヤーグラハ運動をはじめる。

●1913年（44歳《さい》）炭鉱《たんこう》ではたらくインド人労働者たちとともに、大行進によるストライキを実行。たびたび逮捕《たいほ》される。

●1914年（45歳《さい》）サティヤーグラハ運動の結果、南アフリカ政府《せいふ》が暗黒法を白紙にもどす。同年、第1次世界大戦がはじまり、イギリスも参戦。

●1915年（46歳《さい》）　サティヤーグラハ運動の英雄《えいゆう》としてインドに帰国。

●1918年（49歳《さい》）　第1次世界大戦が終わる。

●1919年（50歳《さい》）　インド人を弾圧《だんあつ》するローラット法が成立。これに反対するサティヤーグラハ運動が広がり、アムリットサルの大虐殺《ぎゃくさつ》がおこる。

●1921年（52歳《さい》）　イギリス製《せい》の綿製品《めんせいひん》の不買運動をはじめる。

●1922年（53歳《さい》）　チャウリ・チャウラの警察署《けいさつしょ》が民衆《みんしゅう》におそわれ、22人の警察官《けいさつかん》が焼死。ガンディーはサティヤーグラハ運動を一時中止すると宣言《せんげん》。

●1930年（61歳《さい》）　「塩の行進」をおこない、逮捕《たいほ》、投獄《とうごく》される。

●1931年（62歳《さい》）　アーウィン総督《そうとく》と交渉《こうしょう》し、インド人による塩の製造《せいぞう》と、政治犯《せいじはん》の釈放《しゃくほう》を約束させる。イギリスでの円卓《えんたく》会議で独立《どくりつ》をもとめる。

●1932年（63歳《さい》）　ふたたび逮捕《たいほ》。抵抗《ていこう》運動がインド各地で再燃《さいねん》する。

●1939年（70歳《さい》）　第2次世界大戦がはじまる。

●1942年（73歳《さい》）　「すべての日本人に」と題する文書を新聞に発表。

●1945年（76歳《さい》）　第2次世界大戦が終結。

●1947年（78歳《さい》）　インドとパキスタンが分離独立《ぶんりどくりつ》。各地で宗教的《しゅうきょうてき》対立がはげしさをまし、ガンディーは和解《わかい》をうったえて断食《だんじき》をする。

●1948年（78歳《さい》）　ニューデリーのビルラー邸《てい》で暗殺される。

参考書籍

●マハトマ・ガンジー『ガンジー自伝』（蠟山芳郎訳　中公文庫　１９８３年）

●マハートマ・ガンディー『ガンディーの言葉』（鳥居千代香訳　岩波ジュニア新書　２０１１年）

●竹中千春『ガンディー　平和を紡ぐ人』（岩波新書　２０１８年）

●エム・ケー・ガンヂー『非暴力』（福永渙訳　青空文庫）https://www.aozora.gr.jp/cards/001277/files/47024_26803.html

インドの独立《どくりつ》をめざしたガンディーの継承者《けいしょうしゃ》

ジャワハルラール・ネルー

Jawaharlal Nehru

1889〜1964年

ガンディーとともにインドの独立《どくりつ》運動をたたかったネルーは、ガンジス川中流のイラーハーバードという町に生まれました。父のモティラル・ネルーは弁護士《べんごし》で、インド国民会議派《こくみんかいぎは》の運動家でした。ガンディーがはじめたサティヤーグラハ運動に共鳴したネルーは、イギリス政《せい》府《ふ》の弾圧《だんあつ》を受けてたびたび投獄《とうごく》されましたが、1947年、第２次世界大戦後のインドの分離独立《ぶんりどくりつ》によって成立したインド連邦《れんぽう》の最初の首相になりました。

1930年11月から1933年8月まで、獄中《ごくちゅう》生活を送っているあいだ、ひとり娘《むすめ》で、のちにインド首相になったインディラ・ガンディーに送りつづけた手紙が、『父が子に語る世界歴史』という本にまとめられたことは、よく知られています。

1949年、戦争に負けてまもない日本の子どもたちにゾウを見せてあげたいと、ネルーが上野動物園に寄贈《きぞう》したインドゾウは「インディラ」と名づけられ、1983年に死ぬまで動物園の人気者になりました。

インド首相になったネルーは、隣国《りんごく》の中国と兄弟のように仲のよい関係を築《きず》きたかったのですが、中国の弾圧《だんあつ》をうけて亡命《ぼうめい》したチベットのダライ・ラマ14世をインドがらかくまったことや、両国の国境線《こっきょうせん》などをめぐってしだいに対立するようなり、1962年、中国とインドは国境《こっきょう》をはさんで戦争状態《じょうたい》に入りました。インドの敗色がじょじょに濃《こ》くなってきた64年、病を得ていたネルーは失意のうちに亡《な》くなりました。

一貫《いっかん》した非暴力《ひぼうりょく》をもって世界平和を説く

ダライ・ラマ14世

Dalai Lama XIV

1935年〜

チベット民族の心の支《ささ》えであり、政治《せいじ》的リーダーでもあるダライ・ラマ法王14世は、世界的に有名な仏教《ぶっきょう》の指導者《しどうしゃ》です。本名をテンジン・ギャツォといいます。1935年、チベット北東部のタクツェルという村（現在《げんざい》の中華人民共和国《ちゅうかじんみんきょうわこく》西北部の青海省《チンハイしょう》）の農家に生まれました。

チベット仏教《ぶっきょう》では、人間の生まれ変わりが信じられています。ダライ・ラマ法王の登場は、1世のゲンドゥン・ドゥプ（1391年〜1474年）からはじまっていますが、はるか以前のブッダ（シャカ、ガウダマ・シッダールタ）の時代から生まれ変わりはくりかえされ、現在《げんざい》の14世までつづいていると信じられているのです。

2歳《さい》のとき、ダライ・ラマ法王13世（1876〜1933年）の生まれ変わりとして認《みと》められたテンジンは、1940年に14世として即位《そくい》しました。

1959年、チベット民族の聖都《せいと》ラサで起きた暴動《ぼうどう》が、チベットを自国の領土《りょうど》にしようとしてきた中国軍に鎮圧《ちんあつ》されると、インドに亡命《ぼうめい》してチベット独立《どくりつ》運動に深くかかわっていきます。しかし、平和主義《しゅぎ》を土台にしたそのたたかいは、一貫《いっかん》して非暴力《ひぼうりょく》に徹《てっ》してきました。また、チベットの仏教《ぶっきょう》や文化の普及《ふきゅう》をとおして世界平和をうったえたことで、1989年にノーベル平和賞を受賞しました。

平和へのメッセージ、非暴力《ひぼうりょく》、異《こと》なる宗教《しゅうきょう》間の理解《りかい》、人間と自然と地球への愛と思いやりを、ダライ・ラマ法王14世はいまも世界の人びとにうったえかけているのです。

「命こそ宝《たから》」をかかげ基地《きち》に反対した

阿《あ》波《は》根《ごん》昌《しょう》鴻《こう》

昌鴻《しょうこう》が住んでいた
真謝《まじゃ》地区（p109）
海岸には自然の洞窟《どうくつ》が数多くあり、戦争中、人びとや日本軍はそこにかくれた
昌鴻が農民学校をつくろうとしていた場所（p99）
軍用地だが、実際《じっさい》は住民が通ったり耕作《こうさく》できている地区
現在《げんざい》の米軍基地
1957年当時の軍用地。島の面積の6割におよんだ
旧米軍射爆場《しゃばくじょう》
米軍飛行場
伊江補助飛行場
伊江島空港
団結《だんけつ》道場（p148）
城山《ぐすくやま》（タッチュー）
伊江村役場
伊江港
伊江島《いえじま》
わびあいの里
ヌチドゥタカラの家
米軍は島の南側の海岸から上陸した（p105）
伊江島
昌鴻が生まれた
上本部村《かみもとぶそん》（当時）
沖《おき》縄《なわ》
琉球政府《りゅうきゅうせいふ》があった
那覇《なは》市

序章《じょしょう》・沖縄《おきなわ》のガンディー

「沖縄《おきなわ》のガンディー」とよばれる人がいるのを知っていますか?

沖縄県糸満市《おきなわけんいとまんし》にある平和祈念資料館《きねんしりょうかん》に入るとすぐ、マハトマ・ガンディーやマーティン・ルーサー・キングの写真にかこまれて、真ん中にいるのが「沖縄《おきなわ》のガンディー」とよばれた阿波根昌鴻《あはごんしょうこう》です。イギリスの支配《しはい》に非暴力《ひぼうりょく》で抵抗《ていこう》したインドのガンディーや、黒人差別に非暴力《ひぼうりょく》でたちむかったアメリカのキング牧師《ぼくし》(↓4巻)のように、第2次世界大戦後、アメリカによる支配《しはい》に対して、非《ひ》暴力《ぼうりょく》でたたかいぬいた人です。

阿波根昌鴻《あはごんしょうこう》の住んでいたのは、沖縄《おきなわ》本島の北部、本部《もとぶ》半島の沖合《おきあい》10キロメー

海にうかぶ伊江島《いえじま》

トルに浮《う》かぶ伊江島《いえじま》です。面積22平方キロメートル、真ん中に「タッチュー」という小さな山がそびえるほかは平らで、周囲をサンゴ礁《しょう》がかこむ美しい島です。島の人たちは、サトウキビやイモ、ムギ、ダイズ、ラッカセイなどを畑で育て、海で魚をとってくらしていました。

日本が戦争に負けると、アメリカは、この島を基地《きち》として使うために、土地を取り上げようとしました。島の人たちは「やめてください」と必死にうったえましたが、とうとうアメリカ軍（米軍《べいぐん》）は、武力《ぶりょく》で土地をうばいにやってきました。武器《ぶき》ひとつ持っていない島の人たちは、自分たちの土地をとりもどすために、手さぐりでたたかいをはじめるしかなかったのです。

そんなたたかいの基本《きほん》になったのが、つぎのような考えかたです。

「相手がいくらうそをついたり、どろぼうのようなまねをしても、こちらは人間らしい行動をしていく。まず、あいさつをする。何も持たず、すわって静かに話をする。暴力《ぼうりょく》をふるうとまちがわれないために、耳から上に手をあげない。悪口やうそを言わない。愛情《あいじょう》をもって、道理をつくし、どこまでも話をしていく」

実際《じっさい》に、昌鴻《しょうこう》たち伊江島《いえじま》の人びとは、どのように米軍とたたかっていったのでしょうか。非暴力《ひぼうりょく》のたたかいで、土地を取りもどすことはできたのでしょうか。

1 とにかく勉強がしたかった

阿波根昌鴻《あはごんしょうこう》は、1903（明治36）年、沖縄県北部《おきなわけんほくぶ》の上本部村《かみもとぶそん》（いまの本部町）で生まれました。

沖縄《おきなわ》は、昔は琉球国《りゅうきゅう》という独立《どくりつ》した国でした。しかし江戸《えど》時代には薩摩藩《さつまはん》（いまの鹿児島県《かごしまけん》と宮崎県《みやざきけん》の南西部をおさめた藩《はん》）が攻めこんで支配《しはい》し、明治時代には沖縄県《おきなわけん》として、日本の一部に統合《とうごう》されてしまいました。昌鴻《しょうこう》のお父さんの家《か》系《けい》は士族（武士《ぶし》）でしたが、農民としてはたらくようになりました。

草ぶき屋根の小さな家には、家族13人が住んでいました。寝《ね》るすきまもないくらいせまいので、昌鴻《しょうこう》は子どものころ牛小屋の屋根で寝《ね》ていました。はきものの下駄《げた》は全部で3足しかなく、交代ではいていました。だから昌鴻《しょうこう》は、ほとんどはだしで、雨がふったときに足をあらい、雨がふらなければ草で足をふいていました。

そんなまずしいくらしでしたが、お父さんは塾《じゅく》に通って、論語《ろんご》（孔子《こうし》の教えを学ぶ中国の儒教《じゅきょう》の本）を読む勉強をつづけていました。昌鴻《しょうこう》は、そんなお父さんにあこがれて、自分も勉強をしたいとずっと思っていたのです。

小学校も終わりに近づいたとき、思いきって

「上の学校に行きたいんです」

とたのむと、お父さんはちょっと考えてから、こう聞きました。

「学校を出て貧乏《びんぼう》になるのと、学校に行かないで金持ちになるのと、おまえはどちらがいいと思うかね？」

学校に行くのには、とてもお金がかかるからです。けれど昌鴻《しょうこう》はすぐに答え

ました。

「学校も出て、金持ちにもなります」

お父さんは「そうか」とうなずいて、学校へ行くことをゆるしてくれました。

それから一生けんめい勉強をした昌鴻《しょうこう》は、本島中部の北谷村《ちゃたんそん》にあった沖縄《おきなわ》県立農学校に合格《ごうかく》しました。

学校の寮《りょう》に入るために、およそ40キロメートルの道のりを、お父さんと2人で、机《つくえ》やふとんをかついで歩きました。馬車代を節約するためです。

朝、暗いうちに家を出て、到着《とうちゃく》したのは夜の9時でした。しかも、とちゅうまではだしで歩き、海岸で下駄《げた》をひろって鼻緒《はなお》をつけてはき、入学式に出ました。ほかの人たちはみんな、帽子《ぼうし》をかぶり、袴《はかま》をつけて、きちんとした身なりをしていました。けれど昌鴻《しょうこう》は、いよいよ学校で学べるうれしさに、身なりのことなど気になりませんでした。

それなのに、重い荷物をかついで歩いたせいか、神経痛《しんけいつう》でからだがひどく痛《いた》むようになり、2か月もたたないうちに、休学しなければならなくなりました。

昌鴻《しょうこう》は、からだを治すために九州の別府《べっぷ》へ行きました。

温泉《おんせん》で治療《ちりょう》をするのです。そのときにキリスト教に出会い、「すべて剣《けん》をとるものは剣《けん》にて亡《ほろ》ぶ」という聖書《せいしょ》の教えが、深く胸《むね》にきざみこまれました。

もう一度、学校へ入りたいと思っていた昌鴻《しょうこう》は、中米の国キューバにはたらきにいく人を募集《ぼしゅう》しているのを知りました。

「よし、キューバではたらいてお金をためて、高校と大学へ行くぞ！」

そのころ、お金をかせぐために、沖縄《おきなわ》からハワイや中南米へはたらきに行く人は多かったのです。

1925（大正14）年、20歳《さい》をすぎた昌鴻《しょうこう》は、横浜《よこはま》から船に乗ってハワイ、サンフランシスコ、ロサンゼルスを経由《けいゆ》して、キューバの首都ハバナに着きました。やっと着いたキューバでしたが、サトウキビの収穫《しゅうかく》以外に仕事は少なく、荒《あ》れ地から荒《あ》れ地へとわたり歩いて仕事をさがしました。夜になると、だれかの家の床下《ゆかした》にもぐりこんで、ムシロをしいて寝《ね》ました。

5年後には南米のペルーにわたって、帰りの船賃《ふなちん》をためるために必死にはたらきました。ところが、友だちが病気になってしまったので、昌鴻《しょうこう》はためたお金をみんなあげてしまい、さらにはたらいて、10年後にやっとのこと沖縄《おきなわ》に帰ることができたのです。お金をかせぐどころか、みやげひとつ買えず、記念の品といったら、つぎを当てたぼろの仕事着だけでした。

それでも、海外にいるあいだ昌鴻《しょうこう》は、夜になるとひとりで勉強をつづけていました。とくに、ペルーの古本屋で見つけた、西田天香《にしだてんこう》の『懺悔《ざんげ》の生活』という本は深く心に残っていました。あらそいごとをしないで、つねに懺悔《ざんげ》の心(わびあいの心)をもって、よぶんな物を持たず、自然にかなった生活をして社会に奉仕《ほうし》すれば、人はひとりでに生かされていくのだ、という教えが書かれて

いました。

帰国するとすぐ昌鴻《しょうこう》は、西田天香《てんこう》をたずねて京都の「一燈園《いっとうえん》」に行きました。そこでは、子どもから老人まで、およそ300人がいっしょにくらしていました。それぞれ自分のできる仕事をして、かわりに自分に必要なものを手に入れるという共同生活です。どんな宗教《しゅうきょう》や考えかたであっても区別しない、上下関係もない、みんながわけへだてなく「ありがとう」と感謝《かんしゃ》しあい、助けあって生きています。学ぶ場も、保育園《ほいくえん》から大学までありました。

「なんてすばらしいところなんだろう」

昌鴻《しょうこう》はいっぺんで気に入りました。

「人の幸せを先に考え、自分の利益《りえき》はあとにする。他人の悪いところは、自分が悪いからではないかと考える。この精神《せいしん》を『わびあい』とよんでいます。人間には、反省しあい、たがいにゆるしあい、わびあえる心が必要ですからね」

天香《てんこう》の話を聞いて、昌鴻《しょうこう》は頭を下げました。

「わたしも、ここの生活にくわえてください。お願いします!」

しかし天香《てんこう》は首をふりました。

「あなたは沖縄《おきなわ》に帰って、このような場をつくるとよいでしょう」

「でも、わたしはからだも弱いし、土地もないし、農業を仕事にしたこともないんです」

そううったえる昌鴻《しょうこう》に、天香《てんこう》はさとすように言いました。

「土地も経験《けいけん》もいりません。ただひとつ、たいせつなことは、あなたが自分の利益《りえき》のためにはたらくか、それとも社会のためにはたらくかということです。社会のためにはたらけば、きっと必要なものがあたえられるでしょう」

昌鴻《しょうこう》はうなずいて、まず農業について学ぼうと、静岡県沼津《しずおかけんぬまづ》にある興農学園《こうのう》(*)へ行きました。ここで1年間学んでから沖縄《おきなわ》へ帰りました。

*興農学園《こうのう》……デンマークの国民高等学校(フォルケホイスコーレ)をモデルに、農業教育をおこなった学校。内村鑑三《かんぞう》、新渡戸稲造《にとべいなぞう》らも設立《せつりつ》に協力した。

沖縄《おきなわ》では、キューバに行く前に結婚《けっこん》した妻《つま》の喜代《きよ》と、9歳《さい》になった息子の昌《しょう》健《けん》が待っていました。家族で喜代の生まれた伊江島《いえじま》へわたり、幽霊《ゆうれい》がでるから安いという空き家を借りて住みました。幽霊《ゆうれい》は出なかったけれども、昼間は日やといに出て、夜は帽子《ぼうし》を編《あ》んではたらき、その日その日をどうにかやりくりしてくらしました。

島には店が一軒《けん》もなく、みんな不自由していました。そこで小さな雑貨店《ざっかてん》をはじめることにしました。商売はうまくいき、少しずつ売り上げがたまりました。そのお金で昌鴻《しょうこう》は、土地を買いはじめました。

島でいちばん安い真謝《まじゃ》地区の海岸は、1坪《つぼ》1銭《せん》（1円の100分の1）、あるいは5厘《りん》（1銭《せん》の半分）でした。人っ子ひとりいない原野をせっせと買いこむうちに、とうとう4万坪《つぼ》になりました。

つぎに昌鴻《しょうこう》は、その土地に木を植えはじめました。ここに、デンマーク式の農民学校をつくろうと考えたのです。農民たちが共同生活をしながら、農業はもちろん、歴史、文学、人間はどう生きたらよいのか、そして世の中のしくみや構造《こうぞう》を学ぶ学校です。

ところが、当時は「木が植えられたところからは、草を刈《か》ってはいけない」という決まりがあって、生活に必要な草が刈《か》れなくなるのはこまるからと、よその人が、植えた木をどんどん引き抜《ぬ》いてしまいました。

「こまった。だが、ここは忍耐力《にんたいりょく》の勝負だ。楽な気持ちでかまえよう」

昌鴻《しょうこう》は、木を抜《ぬ》かれれば植え、また抜《ぬ》かれれば植え、ただただ木を植えつづけました。とうとう、相手は根《こん》くらべに負け、木を抜《ぬ》かなくなりました。

やがて、原野に青々《あおあお》と木々《きぎ》が茂《しげ》ると、昌鴻《しょうこう》は海岸に家を建て、ブタやヤギを飼《か》い、いよいよ学校を建てる準備《じゅんび》にかかりました。すると、森林にかこまれた無人島のような土地に、だんだん人びとがおとずれるようになりました。学校の遠足にくる子どもたち、学校ができると聞いて見学にくる人、森林の空気を吸《す》うためにくる人たちなどです。

「昌鴻《しょうこう》さ――ん！」

よんでみても、4万坪《つぼ》の森林ですから、どこにいるかわかりません。そこで、鐘《かね》を3回つくのが「お客さんがきた」という合図になりました。

「もっと、島のくらしをおもしろくできないかなあ」

昌鴻《しょうこう》は、東京にいる弟に蓄音機《ちくおんき》を送ってもらい、自転車のうしろに積んで島をまわりました。蓄音機《ちくおんき》を回して音楽を流すと、みんな集まってきました。自分でつくった紙芝居《かみしばい》も見せました。

そのころ島にはラジオもテレビもなかったので、みんな大よろこびです。自転車で回らない日には、「紙芝居《かみしばい》を見せてください」と、子どもたちが家に集まってきました。

ほかにも、禁酒《きんしゅ》運動の新聞を配ったり、学校をまわって「お酒の飲みすぎはよくない」と話し、ついでにトイレそうじもしました。

「昌鴻《しょうこう》は変わっている。頭がおかしいんじゃないか？」

と、うわさする人もいました。けれど昌鴻《しょうこう》は、まったく気になりません。農民の生活はどうあったらよいのかと日々《ひび》考え、自分が正しいと思うことをみんなに伝え、実践《じっせん》していたからです。

息子の昌健《しょうけん》は、農業学校を出て中学校の先生になりました。学校ができたら昌健《しょうけん》に代表になってもらい、自分は手足となってはたらこう。何歳《なんさい》でも、お金がなくても、試験に受からなくても、勉強したい人はだれでも入れて、半日ははたらき、半日は勉強する、農民たちの学校がここにできるのだ。

「あと少しで完成だ！」

昌鴻《しょうこう》はわくわくしていました。

しかし、このころ、おそろしい戦争が刻一刻《こくいっこく》と近づいていたのです。

２ 土地をうばった米軍

１９３９年、第2次世界大戦がおこりました。ドイツ・イタリアと同盟《どうめい》を組んだ日本は、１９４１年、マレー半島とハワイの真珠湾《しんじゅわん》を攻撃《こうげき》し、アメリカ・イギリスなどの連合国とたたかいをはじめました。42年までにマレー半島やビルマ（いまのミャンマー）、インドネシアなどを占領《せんりょう》しましたが、それ以後、アメリカなど連合軍の反撃《はんげき》にあい、つぎつぎと海外の占領地《せんりょうち》をうしない、追いつめられていきます。44年になると、日本各地の都市が空襲《くうしゅう》にあい、いよいよ米軍が本土に攻《せ》めてくる気配がこくなりました。

伊江島《いえじま》を砲撃《ほうげき》する米軍艦《べいぐんかん》

1945年4月1日、とうとう米軍の艦隊《かんたい》が、沖縄《おきなわ》本島に押《お》し寄《よ》せました。本島中部に上陸した米軍は、基地《きち》を置くのによい平らな伊江島《いえじま》に目をつけ、攻《こう》撃《げき》を開始しました。島にひとつの山は、軍艦《ぐんかん》の大砲《たいほう》ですさまじい射撃《しゃげき》を受け、形まで変わってしまうほどでした。村の家はみんな焼けて、木のかけらひとつ残りませんでした。米軍が上陸してくると、島にいる日本軍とのあいだで、はげしいたたかいがはじまりました。

沖縄《おきなわ》には、「ガマ」という自然の洞窟《どうくつ》がたくさんあります。島の人たちは、ノミやシラミにたかられながらガマにかくれました。昌鴻《しょうこう》も、ヤギやブタを放してから、喜代とガマにかくれました。しかし、負けはじめた日本兵がガマにたてこもるようになると、昌鴻《しょうこう》たちは追いだされ、ガマからガマへと、命がけでわたり歩かなければなりませんでした。

たたかいが終わってガマを出ると、目の前に、子ども、老人、女たちの死体がちらばっていました。およそ4500人が死に、そのうちの1500人は島の人たちでした。死体は島じゅうにころがっていたのです。

戦争中は、「国のために死ぬのがつとめだ。命をおしむ者は、国にそむく悪い者だ」と教えられていました。そして、「敵《てき》につかまったら、ひどい目にあわせられるから、その前に自分で死になさい」と言われ、信じこまされていたので、家族を殺し、自分から死んだ人がいました。断崖《だんがい》から海に飛びこんで死んだ人もたくさんいました。


その後、沖縄《おきなわ》本島では2か月にわたって、すさまじいたたかいがつづきました。亡《な》くなった人は20万人以上、そのうち沖縄《おきなわ》の人は12万人を超《こ》えます。沖縄《おきなわ》に住んでいた人の4人に1人が亡《な》くなったことになります。

昌鴻《しょうこう》の息子の昌健《しょうけん》は19歳《さい》でしたが、兵隊が足りないので集められ、沖縄《おきなわ》本島で亡《な》くなりました。どこで死んだのかもわからず、骨《ほね》もひろえませんでした。

義理《ぎり》の弟や妻《つま》の祖父母《そふぼ》、弟、妹も死にました。伊江島《いえじま》で家族を亡《な》くさなかった家はほとんどなく、島の人たちは、気絶《きぜつ》してしまうほどの悲しみと苦しみを味わいました。
沖縄《おきなわ》本島の戦闘《せんとう》は6月に終わり、沖縄《おきなわ》はアメリカに占領《せんりょう》されました。米軍は、本州を攻撃《こうげき》するために、すぐに基地《きち》を作りはじめました。その年の8月、広島と長崎《ながさき》に原子爆弾《げんしばくだん》が落とされ、日本は降伏《こうふく》しました。多くの犠牲者《ぎせいしゃ》をだした沖縄《おきなわ》でのたたかいは、本州を守るための時間かせぎだったと言われています。

人びとは、捕虜収容所《ほりょしゅうようじょ》で
苦しい生活をしいられました。

戦争に負けた日本は、連合国の支配下《しはいか》におかれました。アメリカは、戦争が終わったあともソビエト連邦《れんぽう》（いまのロシア）や中国に対抗《たいこう》するため、沖縄《おきなわ》に軍事基地《きち》を置こうと考えていました。そこで、沖縄《おきなわ》の人たちを捕虜《ほりょ》として収容所《しゅうようじょ》に入れているあいだに、都合のよい土地をどんどんおさえていきました。

生き残った伊江島《いえじま》の人びとも、捕虜《ほりょ》となって沖縄《おきなわ》本島に強制移住《きょうせいいじゅう》させられたあと、2年後にやっと島に帰ることができました。しかし、このときすでに、米軍によって島の63%の土地が軍用地としておさえられていて、飛行場も三つ作られていました。米軍は、ほんの少しのお金で、島の人たちから土地を買い上げたことにしようとしていました。

そんなことを知らない昌鴻《しょうこう》たちは、石をどけ、土をたがやし、イモを植えました。協力しあって小さな家も建てました。みんな必死ではたらきました。あのひどい戦争のことはもう忘《わす》れよう、これからは平和に生きていけさえすればいいと、だれもが思っていたのです。けれど……。

1953年7月、沖縄《おきなわ》を統治《とうち》する米民政府《べいみんせいふ》(アメリカ本国が派遣《はけん》した政府《せいふ》)が、土地の調査《ちょうさ》にやってきました。

「手伝ってくれたらお礼をはらうから、ここに、はんこを押《お》してください」

島の人びとは調査《ちょうさ》を手伝い、さしだされた英語の書類にも、うたがうことなく判《はん》を押《お》しました。

つぎの年、島の北西の真謝《まじゃ》地区に住んでいた4軒《けん》の家族に、「5日以内に立ちのきなさい」と米軍から命令が出ました。

「いままでどおり畑仕事をしてよいし、立ちのき料もはらいます」

と言われたので、「米軍にさからって、みんなにめいわくをかけてはいけない」と、4軒《けん》の人たちは立ちのくことにしました。このころ島の人びとは、米軍に食料を援助《えんじょ》してもらっていたからです。

しかし、ブルドーザーがすぐにやってきて、家を引きたおすと、畑の作物を根絶《ねだ》やしにすきとり、イモ畑まで焼きはらうではありませんか。

「やめてくれ！　畑仕事をしてもよいと言ったじゃないか」

家の人が、ブルドーザーの前に飛びだそうとするのを、島の人たちは泣きながら止めました。

平らになった土地には、射撃演習《しゃげきえんしゅう》の目標が立てられ、翌日《よくじつ》から爆弾《ばくだん》がつぎつぎ落とされました。爆弾《ばくだん》の火はまわりの畑にまで燃《も》えうつり、たちまち島では食料が足りなくなりました。しかも、約束した立ちのき料はほんの少しだけで、畑を使えなくなったことにたいしては補償金《ほしょうきん》も出ませんでした。

追いうちをかけるように、「真謝《まじゃ》地区のほかの152軒《けん》も立ちのきなさい」と、米軍から命令が出されました。

「いやだ！　立ちのかないぞ」

農民たちが言うと、目の前に書類が出されました。

「あなたたちは『立ちのきます』と、判《はん》を押《お》したじゃないですか」

あの日、測量《そくりょう》のお礼を支払《しはら》うためと言われた書類は、立ちのきを約束するものだったのです。米軍は最初から、だますつもりだったのです。

島の地主たちは、「これは一大事！」と、那覇《なは》にある琉球政府《りゅうきゅうせいふ》にうったえに行きました。

琉球政府《りゅうきゅうせいふ》とは、米民政府《べいみんせいふ》とはべつに、沖縄《おきなわ》の人によってつくられた政府《せいふ》です。しかし実際《じっさい》は、軍隊を持っている米民政府《べいみんせいふ》にさからう力はありませんでした。

「米軍のブルドーザーで畑をつぶされました。家族10人、食べていけません」

「夫の残した畑で8人の子どもをやしなっています。家をつぶされるなら、子どもといっしょに死ぬかくごです」

米軍は「ほかの土地をみつけて移《うつ》ったらいい」と言いますが、耕作《こうさく》できる土地には持ち主がいました。残っているのは、飛行場づくりのために土をはぎとられた土地で、作物は育ちません。島の人たちはくりかえし、「お願いします、お願いします」とうったえました。

しかし琉球政府《りゅうきゅうせいふ》の役人は、軍隊を持つ米民政府《べいみんせいふ》をおそれて、島の人たちの味方になってはくれませんでした。みんな、がっかりして島に帰りました。

村役場に集まった人たちは話しあいました。

「わたしたちはいま、生きるか死ぬかの境《さかい》に立たされている。土地からはなれたら、魚が水からはなれるのと同じで、死があるだけだ。ここは村民が一体になって、米軍の土地取り上げに反対しよう！」

すぐに、村長はじめ男女80名が、必死の決意で船に乗り、直接《ちょくせつ》、米民政府《べいみんせいふ》へうったえに行くことになりました。服装《ふくそう》は米軍のおさがり服、はきものは雨靴《あまぐつ》、下駄《げた》、ぞうり、米軍のおさがり靴《ぐつ》などさまざまです。

米民政府《べいみんせいふ》では、役人が10人ばかり、いかめしい顔つきで部屋に待っていました。村長と村の代表は、必死にうったえました。すると、

「立ちのきにかんしては、まだはっきりと決まってはいない。あなたたちは畑をやっていてよい。立ちのきがむずかしいことは、わかっています」

おだやかな返事が返ってきたので、みんなは心底ほっとして島へ帰りました。

しかし、ひと月がたつころ、米軍はまた調査《ちょうさ》にやってきたのです。危険《きけん》を感じた村長と昌鴻《しょうこう》たち代表は、今度は琉球政府《りゅうきゅうせいふ》にうったえに行きました。

すると役人は、こまった顔をして言いました。

「米軍から連絡《れんらく》がありましたよ。昨日、島へ調査《ちょうさ》に行ったら、400人くらいの島民が、測量《そくりょう》の杭《くい》を引きぬいたりして妨害《ぼうがい》をしたそうですね。わたしたちは米軍からおしかりを受けました」

「妨害《ぼうがい》だって?」

昌鴻《しょうこう》はおどろきました。調査《ちょうさ》で農作物があまりに荒《あ》らされたので、ひとりのおじいさんが「やめてください。村長や代表たちが那覇《なは》から帰るまで、調査《ちょうさ》は中止してください」と、お願いしただけなのです。

米軍は、あることないこと、うその報告《ほうこく》をすることがわかりました。おまけに、そのうそを新聞に書かせて「事実」として広めるのです。だから、多くの人が新聞を信じて、島の人たちの味方についてくれませんでした。

島の人たちは、米軍のやりかたに腹《はら》をたてましたが、ふたたび米軍が島へやってきたとき、まずは「こんにちは」とあいさつをしました。それから「何をしに来たのですか?」と聞きました。いくら相手がひどい人たちであろうと、同じ人間として、あいさつをするのはあたりまえだからです。

すると米兵は、いきなりおどしました。

「調査《ちょうさ》のときに、じゃまをしたのはだれだ。正直に言わないと、みんながひどい目にあうぞ」

村長も島の人たちも、あわてずに事実だけを、くりかえし何度でも話しました。米軍はとうとう、「暴行事件《ぼうこうじけん》」をでっちあげ、島の人たちを悪者にすることはできませんでした。

昌鴻《しょうこう》たちは集まって、これからも土地を守るために、米軍とたたかいつづけなければならないことを確認《かくにん》しました。そして、たたかうための決まりを作りました。

一、怒《おこ》ったり悪口を言ったりしないこと。うそや偽《いつわ》りを言わないこと。
一、米軍と話をするときは、何も持たないで、すわって話すこと。
一、耳より上に手をあげないこと。
一、大きな声を出さず、静かに話す。
一、人道、道徳《どうとく》、宗教《しゅうきょう》の精神《せいしん》と態度《たいど》で接《せっ》し、道理を通してうったえること。
（1954年10月13日　要約（*））

*この決まりは「陳情規定《ちんじょうきてい》」とよばれ、たたかいのなかでまとめあげられていった。

昌鴻《しょうこう》は書き上げると、集会所のかべに貼《は》りました。

「これを守って、わたしたちは、ひたすらお願いしていきましょう」

相手が鬼《おに》やけだもののように道理の通らないことをしても、わたしたちは人間としてのたたかいをしていくのだ。暴力《ぼうりょく》に暴力《ぼうりょく》で返せば、強大な力を持つ米軍に殺されてしまう。命を大事にしてたたかうには、お願いする（陳情《ちんじょう》）という非暴力《ひぼうりょく》の抵抗《ていこう》しか道はない、という強い決意が、ここにこめられていました。

怒ったり悪口を言ったりしないこと、
うそや偽りを言わないこと
一、米軍と話をするときは、
何も持たないで、すわって話すこと。
一、耳より上に手をあげないこと。
一、大きな声を出さず、静かに話す

❸ 人間としてのたたかい

1954年11月、また米軍が島にやってきました。昌鴻《しょうこう》は地主の代表としてあいさつをしました。

「わたしたちは、みなさんと話すことができてよろこんでいます。みなさんを心から尊敬《そんけい》しています。みなさんは戦争に勝ったアメリカの高官で、わたしたちは戦争に負けた国の、しかも農民です。しかし、こうした考えはすべてはらって、人間対人間の、平等の話しあいをしてもらいたいのです」

米軍の担当者《たんとうしゃ》は「よろしい」とうなずきました。昌鴻《しょうこう》は順序《じゅんじょ》だてて、これまでのことと、けっして土地を手放すことはできないことを伝えました。米軍は、それ以上の話しあいをあきらめて帰っていきました。

しかしその後、警官《けいかん》が島にやってきて、人びとのあとをつきまとい、毎日のように役所に出入りして監視《かんし》するようになりました。

そんなある日、家の前に米軍の小型トラックが停《と》まり、昌鴻《しょうこう》は連れだされました。

「きみは地主たちから信頼《しんらい》がある。すべての行動は、きみが中心になっているでしょう。きみの力があれば、土地の問題は解決《かいけつ》できると思うが、うまく立ちまわる気はないのか?」

車の中で米軍は、おだてながら脅迫《きょうはく》してきました。

役所に着くと、米軍と琉球政府《りゅうきゅうせいふ》の役人が、きびしい顔つきで出むかえました。

空軍顧問《こもん》のカックス判事《はんじ》が進み出て、あらあらしく話しだしました。

「米軍が土地を必要としているのは、沖縄《おきなわ》を守るためなのだ。土地を利用することは決定しているし、農民には援助《えんじょ》をあたえる。あとは、強制的《きょうせいてき》に立ちのかすか、自分たちで立ちのくか、二つにひとつだ。おまえが代表なんだろう。代表なら、移動後《いどう》の責任《せきにん》はすべてとらなければならないぞ」

昌鴻《しょうこう》は、カックス判事《はんじ》を見つめ、静かに話しました。

「わたしは代表ではありません。それに、金持ちのアメリカでさえ、移動後《いどう》の生活の補償《ほしょう》はできないと言っているのに、個人《こじん》のわたしが、どうしてそのような責任《せきにん》がもてますか？」

「移動《いどう》できるかできないか、今日の午後3時までに報告《ほうこく》しなさい」

昌鴻《しょうこう》は落ちついて、いままでのことを話しました。

「わたしたちは、はじめは米軍を尊敬《そんけい》し信頼《しんらい》していました。ところが、測量《そくりょう》を手伝ったお礼をはらうという書類はうそのものだったし、農作物の補償金《ほしょうきん》をはらうと言いながら、これもやっていませんね」

カックス判事《はんじ》は話を打ち切ると、こう命令しました。

「いつまでに返事をするんだ！　立ちのかないなら、電文で『援助《えんじょ》してでも立ちのきません』と送りなさい」

会議が終わると、昌鴻《しょうこう》はよびかけました。

「カックスさん、いがみあったまま別れるのでなく、しばらく話でもしませんか」

「話などしない」

「それならせめて、握手《あくしゅ》をして別れましょう」

カックス判事《はんじ》は、それもふりきって、門のそばへ行き車を待っていました。

昌鴻《しょうこう》は近よって「カックスさん」とよび、肩《かた》をたたきました。

「あなたはアメリカにたいして忠実《ちゅうじつ》な、りっぱな方です。わたしたちも、広い土地があれば、米軍の必要とする土地をさしあげて、あなたをよろこばせたいのです。けれど、わたしたちには生活に必要な最小限《さいしょうげん》の土地しかありません。この点をよく理解《りかい》していただきたいのです。おたがいはなんの恨《うら》みもありませ

ん。さあ、握手《あくしゅ》でもして別れましょう」

昌鴻《しょうこう》が手をさしのべると、カックス判事《はんじ》はとうとう握手《あくしゅ》をしました。

昌鴻《しょうこう》は、島の人たちと相談をして「立ちのくと生活にこまりますので、立ちのくわけにはまいりません」と書いて送りました。米軍の言うように「援助《えんじょ》しても立ちのきません」と送れば、米軍が援助《えんじょ》すると言っているのに立ちのかない、けしからんと、悪者のように新聞に書かれるからです。

昌鴻《しょうこう》たちは、いろいろな人に会いに行って相談をしました。少しでも、たたかいの手だてがあるなら学びたいとも思ったのです。しかし、琉球政府《りゅうきゅうせいふ》にあずけた「陳情書《ちんじょうしょ》」は、米民政府《べいみんせいふ》にわたらず、机《つくえ》の引き出しにしまったままであることもわかりました。

当時、役所や学校に、ひとりでも米軍に反対している者がいれば、米軍からの援助《えんじょ》は止まると言われていました。琉球政府《りゅうきゅうせいふ》もそれをおそれ、米軍にはさからえなかったのです。

「米軍に勝てるわけがない。こっちまでひどい目にあわされるから、もう反対するのはやめてくれ！」

伊江島《いえじま》の人まで、そう言いだしました。親戚《しんせき》さえもこわがって、真謝《まじゃ》地区に住んでいる昌鴻《しょうこう》たちのそばに寄《よ》りつかなくなりました。

1955年3月11日の朝、とうとう武装《ぶそう》した米軍が島へやってきました。巨《きょ》大《だい》な軍艦《ぐんかん》が沖《おき》にすがたを見せ、浜《はま》に近づいてくると、なかから3せきの舟艇《しゅうてい》が出てきて上陸しました。

ヘルメットにカービン銃《じゅう》をかかえた、完全武装《ぶそう》の兵士たちおよそ300名と、野戦用のテントをつんだジープやトラックが、真謝《まじゃ》地区めがけて突入《とつにゅう》しました。テントがあちこちに張《は》られ、野戦用の電話がとりつけられました。ブルドーザーのうなり声とともに、武装《ぶそう》した兵隊が作業兵を護衛《ごえい》して、鉄条網《てつじょうもう》の柵《さく》をはりめぐらせていきました。

いっぽう役所には、米軍の土地係のシャープ少佐《しょうさ》がやってきて、村長に告示《こくじ》文《ぶん》をつきつけました。

「米軍の部隊は平和的・友好的部隊であるから、村長は村民に敵対行為《てきたいこうい》をとらないよう警告《けいこく》すること。工事をじゃまするものは逮捕《たいほ》する」

翌朝《よくあさ》、真謝《まじゃ》の住民の並里《なみさと》さんの畑に、米兵がやってきて、太い杭《くい》を打ちこみました。

食事をしていた並里《なみさと》さんは、あわてて座敷《ざしき》から飛びだして、目をつむって寝《ね》ころんでみせ、身ぶりでうったえました。

「畑をとられたら、わたしのベビーもママも、このように死んでしまう」

米兵の隊長は、いきなり並里《なみさと》さんをげんこつでなぐると、兵隊2人に両側から腕《うで》をつかませ、頭からすっぽり毛布《もうふ》をかぶせて縄《なわ》でしばりあげ、鉄条網《てつじょうもう》でかこわれたなかにころがしました。

かけつけた昌鴻《しょうこう》たちが「並里《なみさと》さん、だいじょうぶですか!」と、鉄条網《てつじょうもう》の外から声をかけたとたん、米兵におそいかかられ、逮捕《たいほ》されてしまいました。そのあいだにも、イモ、ラッカセイ、サトウキビ畑、防風林《ぼうふうりん》のマツまでもが、ブルドーザーによってすきならされ、家もメリメリと押《お》したおされていきました。

知念《ちねん》さんの家には、武装兵《ぶそうへい》50人と作業兵30人が押《お》しかけました。

「子どもが熱をだして寝《ね》ているから、どうか待ってください」

知念《ちねん》さんが必死にたのんでも、米兵たちはどかどかと泥靴《どろぐつ》のまま座敷《ざしき》にあがり、かやを引きちぎると、子どもを妻《つま》にだかせ、老母とともに外に追いだしました。知念《ちねん》さんは銃剣《じゅうけん》をつきつけられ、動くことができません。家はあっというまにブルドーザーで引きたおされてしまいました。

戦争で夫を亡《な》くした山城《やましろ》さんは、4人の子どもといっしょに家にいました。山城《やましろ》さんが「やめて、やめて」と泣きさけぶなか、米兵は「ママさん、マッチどこ?」と聞き、家に火をつけました。

翌日《よくじつ》から昌鴻《しょうこう》たちは那覇《なは》の琉球政府《りゅうきゅうせいふ》にうったえに行きましたが、そのあいだに昌鴻《しょうこう》の家にも米兵が押《お》しかけてきました。となりの島袋《しまぶくろ》さんが「どうか、家の主《あるじ》が帰るまで待ってください」と地面に頭をこすりつけてたのむと、米兵は火をつけるのはやめましたが、ブルドーザーで家をこわし、何もかも泥《どろ》のなかにうめてしまいました。

昌鴻《しょうこう》たちの家は、あとかたもなく取りこわされました。
（昌鴻《しょうこう》自身がとった写真）

　夕方、島にもどってきた昌鴻《しょうこう》は、ぼうぜんと立ちつくしました。朝まであった家は、もうどこにもなかったのです。

　このように、真謝《まじゃ》の13軒《けん》はあとかたもなくこわされ、「りっぱな家を用意した」と言われて行ってみると、岩盤《がんばん》の上に13枚《まい》のどす黒いテントが張《は》られていました。夜は石油ランプだけ、日中は毒蛇《どくへび》のハブをおそれ、焼けるように暑く、雨がふれば水びたし。しかも飲み水は十分になく、くぼ地に穴《あな》をほり、雨水をすするといったありさまです。

米軍はその日、真謝《まじゃ》の土地10万坪《まんつぼ》を焼きつくし、金網《かなあみ》の柵《さく》でかこうと、爆撃《ばくげき》の演習場《えんしゅうじょう》にしてしまいました。しかし、通告では152軒《けん》だった立ちのきを、昌鴻《しょうこう》たちのねばり強い反対で、13軒《けん》にくい止めることができたのです。

それでも、かけがえのない家や畑がうばわれてしまいました。

昌鴻《しょうこう》たちは、また琉球政府《りゅうきゅうせいふ》にうったえに行きました。すると、役人がこう言うのです。

「さきほど米軍から電話があって、『伊江島《いえじま》の農民たちはおとなしく、軍に協力的で、家も自分たちでていねいにこわして移動《いどう》しているから、安心するように』と報告《ほうこく》を受けました」

昌鴻《しょうこう》は、びっくりしてさけびました。

「わたしたちは、けっしてうそなど言いません！　お願いです、助けてください。返事を聞かないと島には帰れません。部屋では仕事のじゃまになるでしょうから、ろうかで待ちます」

返事がこないので、昌鴻《しょうこう》たちは何日もすわりつづけました。すると警官《けいかん》がやってきて、そこからどくようにと、手を引っぱろうとしました。

昌鴻《しょうこう》は静かに言いました。

「わたしたちは何も悪いことはしていません。りっぱな農民と、りっぱな警《けい》官《かん》が、つかみあいをしてあらそう理由もありません」

すると警官《けいかん》は手を放し、頭を下げました。

「わたしたちも米軍から、しょっちゅうよびだされているのです。警官《けいかん》の立場も理解《りかい》してください」

さらに数日たち、やっと米民政府《べいみんせいふ》と話ができることになりました。昌鴻《しょうこう》たち

すわりこんだまま警官《けいかん》と話す昌鴻《しょうこう》（左から2人目）

は2時間にわたって、どうどうと抗議《こうぎ》をしました。

「米軍が伊江島《いえじま》でやった土地の取り上げは、なんという野蛮《やばん》なことでしょう。このようなやりかたは、アメリカの恥《はじ》ではありませんか。焼いた家をもとどおりにし、土地はただちに返してもらいたいのです」

しかし、

「土地の取り上げはひどいと思うし、なんとか助けてやりたいが、予算も、助ける法律《ほうりつ》もないのだ。だが、軍に土地を取り上げられて死んだという話は聞いたことがないから、心配しなくてよい」

米民政府《べいみんせいふ》の役人にそう言われて、島へ帰るしかありませんでした。

真謝《まじゃ》の人たちは、柵《さく》の外でとれたイモなどをわけて、なんとか1か月生きぬきました。でも、もう食べるものはありません。

「土地の持ち主が、自分の畑に入って耕作《こうさく》するだけだ。米軍の演習《えんしゅう》のじゃまをしなければいいだろう」

「おれたちは、武器《ぶき》を持たない農民だ。どこまでもクワをふるいつづけるのが、おれたちのたたかいなんだ」

みんなでそう決めて、朝まだ暗いうちに柵《さく》をこえ、イモをほり、マメや野菜を植えました。

しばらくたった日のこと。米兵を乗せたトラックがやってきて、

「11時までに柵《さく》の外に出ないと、武装兵《ぶそうへい》を出すぞ」

と言いました。午後になると、そのとおり武装兵《ぶそうへい》12、3名がやってきて「農具

米軍機が爆弾《ばくだん》を落とす演習場《えんしゅうじょう》で、
島民たちは旗を立てて農作業をしました。

を前に出せ」と命令し、男たちを靴《くつ》でけったり、板でなぐりつけたりしました。女たちは、馬に乗った米兵にけちらされ、銃剣《じゅうけん》でなぐられ、子どもを背負《せお》ってころびながら、やっとのことで逃《に》げました。

はたらきざかりの男32名がつかまり、ひとりずつ身体検《けん》査《さ》をうけ、飛行機で嘉手納《かでな》（沖縄《おきなわ》本島中部）にある軍の刑《けい》務所《むしょ》に運ばれると、軍事裁判《さいばん》がひらかれました。

「あなたたちは、立ち入り禁止《きんし》の区域《くいき》に入ったので裁判《さいばん》される。何か質問《しつもん》はないか？」

「自分たちの畑で農耕《のうこう》したり、休んだりしていただけで、いすわってはいません」

「なぜ、旗を立てて農耕《のうこう》をしているのか？」

「旗を立てれば爆弾《ばくだん》を落とされないからです。旗には『ここはわたしの土地です。わたしたちは生きるためにはたらきます』と、英語と日本語で書きました」

有罪《ゆうざい》の判決《はんけつ》が出て、みんなろうやに入れられました。

家族たちは、琉球政府《りゅうきゅうせいふ》におしかけました。

「わたしたちも農耕《のうこう》をしていました。男だけを有罪《ゆうざい》にするのはおかしい。男がいなくては家族は食べていけないから、いっしょに収容《しゅうよう》してください」

子どもたちも、うったえました。

「お父さん、お母さんを罪《つみ》にするなら、いっしょに刑務所《けいむしょ》に入れてください。

子どもたちも、お父さんを心配して集まりました。

わたしたちは食べるものもなくて、学校も休んでいます」

そんななか、とうとう、４人の子の母である長峯《ながみね》さんが、栄養失調のため死にました。テントぐらしをしている１００人のうち92人が栄養失調をおこすほどで、みんなおなかがすいて死にそうでした。

いよいよ、どこをひっくり返しても、食べるものが何もなくなりました。

4 米軍との根《こん》くらべ

琉球政府《りゅうきゅうせいふ》の前に
たてた陳情小屋《ちんじょうごや》で
（手前が昌鴻《しょうこう》）

「もう、こじき（*）をするほかはない」

*食べものや金を、人から恵《めぐ》んでもらって生活すること。現在《げんざい》は使わないほうがよいことば。

那覇《なは》で陳情《ちんじょう》をしていた昌鴻《しょうこう》たちは、島へ手紙を送りました。

「他人から物をもらうのは、はずかしいことだと思っていたけれど、わたしたちの土地を取り上げ、生活の補償《ほしょう》をせず、死人がでるまで飢《う》えさせる、その行為《こうい》こそが大きな恥《はじ》だと思うから、そのことを知ってもらうために、これからわたしたちは『こじき』をします」

お金を入れてもらう帽子《ぼうし》を持って、米軍が畑と家をうばったこと、そのため何も食べるものがないことをうったえながら、昌鴻《しょうこう》たちは沖縄《おきなわ》本島を歩きはじめました。手押《てお》し車にマイクをつけて、街角で車をとめてはうったえました。学校が休みになると、小・中学生も島からやってきて、いっしょにうったえてまわりました。

集まった物やお金は、そのつど島へとどけ、島の人たちはどうにか生きのびることができました。はじめはお金を集めることが先でしたが、そのうちに、人びとにうったえることが中心になっていきました。

「そんなことはまったく知らなかった」と、涙《なみだ》を流して話を聞いてくれる人もいれば、「ちょっと待っていて」と、家にさいふを取りにいって寄付《きふ》してくれる人もいました。警官《けいかん》は、自分ではできないからと、となりの人にお金をわたして帽子《ぼうし》に入れてもらい、アメリカ人もお金を出してくれました。

ある集まりでは、ほとんど拍手《はくしゅ》がおこりませんでした。あまりのひどい事実

那覇《なは》の大通りで人びとにうったえる
伊江島《いえじま》の人たち

に、みな拍手《はくしゅ》するのも忘《わす》れていたのです。

米軍による土地の取り上げは、沖縄《おきなわ》本島でもおこなわれていて、人びとの生活や村づくり、町づくりにも大きな影響《えいきょう》をあたえていました。人びとは、捨《す》て身の抵抗《ていこう》や、あらゆる手段《しゅだん》を試みていましたが、伊江島《いえじま》の人たちが、こじきをするほど追いつめられているとは知らなかったのです。

昌鴻《しょうこう》たちは、自分たちの作った決まりどおりに、米軍の悪口は言わずに事実だけをうったえました。ですから、見張《みは》っていた警官《けいかん》たちも取り締《し》まりはできませんでした。

昌鴻《しょうこう》は行進のようすをカメラで撮《と》って、東京の新聞社へ「助けて

支援物資《しえんぶっし》の山を前に、
お礼の写真をとる子どもたち

ください」と手紙をつけて送りました。このころとても高価《こうか》だったカメラを買って、まちがった報道《ほうどう》をされないために、自分たちで記録を残したのです。

やがて、事実が全国に知らされると、品物や食べものが島にとどきました。遠く北海道の炭坑《たんこう》ではたらく人たちからも、食べものや服が送られてきました。

島のおばあさん、おじいさんたちは杖《つえ》をついて、贈《おく》りものをおがみにきました。お母さんたちは子どもを背負《せお》い、目に涙《なみだ》をいっぱいためて品物をながめました。子どもたちは、文房具《ぶんぼうぐ》やおもちゃがもらえると知って、お正月のようにはしゃいで飛びまわりました。島に久《ひさ》しぶりに笑い声がひびきました。

しかし、それ以後も、米軍による島の人たちの逮捕《たいほ》、投獄《とうごく》はつづきました。

まったく根《こん》くらべのようでした。米軍が、射撃場《しゃげきじょう》の中心30万坪《つぼ》の土地に、消防車《しょうぼうしゃ》でガソリンをまいて焼きはらい、「農耕禁止《のうこうきんし》」の立て札を立てると、島の人たちはさっそく陳情《ちんじょう》に出かけます。米軍が、がんじょうな鉄の柱に鉄線を張《は》って入れないようにすると、島の人たちはこっそり鉄線を外し、鉄くずにして売ってしまいます。

米軍が、大きな看板《かんばん》に「アメリカ人以外の者の立ち入りを禁《きん》ず」と書いて立てたので、島の人たちは、「わたしたちの土地に、地主以外の立ち入りをえんりょしてください」と書いて横に立てました。やがて子どもたちが、米軍の看《かん》板《ばん》を外して持って帰り、家の床板《ゆかいた》にしてしまいました。

しばらくして、米軍の看板《かんばん》は中くらいになり、島の人がそれも取り外すと、朝持ってきて夜には持ち帰る、移動式《いどうしき》の看板《かんばん》になりました。とうとう米軍は、最初に作った柵《さく》のところまで演習場《えんしゅうじょう》を広げるのをあきらめました。島の人たちのねばり強いたたかいが、150万坪《つぼ》の軍の土地を、120万坪《つぼ》まで減《へ》らしたのです。

しかし、米軍はその後もあきらめませんでした。移動式《いどうしき》の「立ち入り禁止《きんし》」の立て札で、柵《さく》の外で休んでいた人までつかまえ、ろうやに入れたりしました。

そんななか、土地問題の話しあいのために、琉球政府《りゅうきゅうせいふ》の代表がアメリカへ行くことになりました。代表団《だいひょうだん》は、アメリカが望んでいる「地代《ちだい》の一括《いっかつ》ばらい」を認《みと》めて帰り、法律《ほうりつ》を作ってしまいました。つまり、アメリカが地代《ちだい》をまとめてはらうから、島の人たちは土地を手放さなければならない、と決まったのです。法律《ほうりつ》にしたがう地主も出ましたが、昌鴻《しょうこう》たち半分弱の地主は、お金を受けとらずにたたかいつづけました。

1959年、畑に落ちた爆弾《ばくだん》の解体《かいたい》をしていた2人の青年が、爆発《ばくはつ》によって死にました。かぎられた畑の耕作《こうさく》だけでは食べていけないので、不発弾《ふはつだん》（爆発《ばくはつ》しなかった爆弾《ばくだん》）を解体《かいたい》して、鉄くずとして売っていたのです。

その年のくれに米軍は、またガソリンをまいて畑と原野を焼きました。それも、「おまえたちがスクラップをさがしやすいように、焼きはらってやった」と言うのです。なんとひどい言いぐさでしょう。

キリスト教を信じるアメリカ兵にむけて、島民は十字架《じゅうじか》の形の看板《かんばん》をつくってうったえました。

　このころアメリカは、ベトナムでの戦争の準備《じゅんび》をすすめていたので、演習《えんしゅう》は日に日にはげしくなっていました。薬《やっ》きょう（銃砲《じゅうほう》の弾丸《だんがん》の発射薬《はっしゃやく》を詰《つ》める容器《ようき》）をひろいに入った青年２人が、飛行機から銃《じゅう》でうたれました。家のそばに爆弾《ばくだん》が落ち、その家の女性《じょせい》が爆風《ばくふう》でたおされました。伊江島《いえじま》のどこに爆弾《ばくだん》が落ちるかわからない、とても危険《きけん》な状態《じょうたい》でした。

１９６１年、「伊江島《いえじま》　土地を守る会」ができて、昌鴻《しょうこう》が代表になりました。長くつづくであろうたたかいを見すえて、昌鴻《しょうこう》は考えました。

「これからは、学習にも力をいれよう。たたかいつづけるには、しっかりとした理論《りろん》が必要だ」

学校をさがして、寄付金《きふきん》を集め、島の青年たちを東京の中央労働学院（＊）に送りました。伊江島《いえじま》の「土地を守る会」でも学習をはじめました。

＊東京都港区にあった、はたらきながら社会問題や労働問題を学べる各種学校。現《げん》在《ざい》の東京文科アカデミー。

１９６５年２月、沖縄《おきなわ》から飛びたったアメリカの飛行機が、北ベトナムを爆《ばく》撃《げき》しはじめました（＊）。昌鴻《しょうこう》たちは、米兵たちに「戦場に行くな」とうったえ

MARINES
MARINES

ました。戦争を経験《けいけん》した自分たちだからこそ、ベトナムの人たちの気持ちが、手にとるようにわかるのです。戦争をなくすためのたたかいは、自分たちのことだけではないと強く感じました。

＊ベトナムの南北統一《とういつ》をめぐる戦争は、1960年前後から1975年までつづいた。北を支援《しえん》したのがソ連（当時）や中国、南を支援《しえん》したのがアメリカだった。爆撃《ばくげき》や戦闘《せんとう》のほか、米軍が空からまいた枯《か》れ葉剤《はざい》による健康被害《ひがい》をうけた人がおおぜいいた。アメリカの若者《わかもの》もこの戦争でおおぜい亡《な》くなり、世界的に反戦運動が広がった。

つぎの年、米軍がミサイルを積んでやってくると、ソ連や中国にむけて設置しました。島民たちはスピーカーでさけびました。

「わたしたちはミサイルなんていらない。いますぐ持って帰れ！」

港に集まった島の人たちは、米軍の大佐《たいさ》をとりかこんでたずねました。

「だれの許可《きょか》をとって、ミサイルを設置《せっち》したのですか」

「村長だ。村長の許可《きょか》をとってある」

大佐《たいさ》はいばって言いましたが、昌鴻《しょうこう》は一歩もひきません。

「ここは村長の土地ではない。わたしたち農民の土地です。米軍であろうと、地主に相談なくミサイルを持ちこむ資格《しかく》も権利《けんり》もないはずです」

「そうだ。いますぐ持って帰ってくれ！」

にらみつける島の人たちに、大佐《たいさ》は「とりあえず置かせてくれ」とたのみました。島の人たちは、そのまま港にすわりこみました。。

つぎの朝も、米兵が機関銃《きかんじゅう》をかまえるすぐそばで、島の人たちは「いますぐ持って帰れ！」と、ミサイルすれすれに行進しました。とうとう米軍はミサイルを持ち帰り、そのあとを何百人という島民が追いかけて「すぐ出ていけ！」とさけびました。

ベトナム戦争に反対する運動は、日本本土、アメリカ、そして世界に広がっていき、米軍の力をそいだのです。アメリカが一方的に力をふるい、戦争をする時代は終わろうとしていました。このころから、伊江島《いえじま》にいる米軍も、少しずつ態度《たいど》を変えてきたのです。

そして、63歳《さい》になった昌鴻《しょうこう》に、とうとう学校へ入る機会がやってきたのです。１９６６年、第12回原水爆禁止《げんすいばくきんし》世界大会に参加した帰りに、昌鴻《しょうこう》は中央労働学院に入学しました。子どものころから、あこがれていた学校です。わくわくして教室に入り、いちばん前にすわると、先生の顔をじっと見つめ、一時も手を休めずにノートをとりつづけました。講義《こうぎ》はおもしろくてたまらず、びっしり書いたノートは31冊《さつ》になりました。

手さぐりでやってきた伊江島《いえじま》のたたかいには、もっとちがうやりかたがあったかもしれない、もっといい手段《しゅだん》があったのではと、ずっと考えてきました。けれど学校で学んで、わかったのです。

「わたしたちは、十分たたかってきた。あやまりも少なかった。みんな、よくがんばったのだ」

そう心から感じられ、昌鴻《しょうこう》はほっとし、自信もつきました。

そして、米軍にたいして受け身でたたかうのではなく、平和をつくっていく

積極的なたたかいをしよう、と心を新たにしました。

１９６７年、米軍の演習地《えんしゅうち》の入り口に「団結道場《だんけつどうじょう》」という建物の建設《けんせつ》をはじめました。学習を深め、平和を守り、真理を探究《たんきゅう》しあう場、また、たたかいを応援《おうえん》してくれる人たちが集まり、泊《と》まる場です。

作業をはじめると、米軍がすぐやってきて、ひとりに3、４人でのしかかり、両手両足をねじまげ、トラックに投げこみました。部隊内に連れて行かれた人たちは、「腹《はら》がへった、パンを出せ、コーヒーを出せ」と要求しました。すると、コーヒーが出てきて、夕方には釈放《しゃくほう》されました。「わたしたちは正しい」と確《かく》信《しん》している島の人たちが、どうどうとふるまった結果でした。

やがて、本土で新聞記事が出ると、道場建設《けんせつ》のための寄付《きふ》がどんどん集まりました。

決してあせらず、長い年月をかけてやりとげると決めた道場は、１９７０年にできあがり、道場の壁《かべ》にはこう書かれました。

米軍に告ぐ
土地を返せ　ここは私《わたし》たちの国
私《わたし》たちの村　私《わたし》たちの土地だ
（中略）
剣《けん》をとるもの剣《けん》にて亡《ほろ》ぶ（聖書《せいしょ》）
基地《きち》を持つ国は基地《きち》にて亡《ほろ》ぶ（歴史）

「団結《だんけつ》道場」はいまも伊江島《いえじま》にたっています。

5
命を生かしあう道

91歳《さい》になった昌鴻《しょうこう》
（撮影：張ヶ谷弘司）

さあ、この後の昌鴻《しょうこう》たちのたたかいは、どうなっていったでしょう。

じつは、たたかいはまだまだずっとつづいていくのです。

1972年、沖縄《おきなわ》はようやく日本に復帰《ふっき》しました。米民政府《べいみんせいふ》はなくなり、沖《おき》縄県《なわけん》として、日本政府《せいふ》のもとに治められることになりました。

しかし、米軍基地《きち》がなくなることはありませんでした。日本とアメリカのあいだには「日米安全保障条約《にちべいあんぜんほしょうじょうやく》」(*)が結ばれて、日本に米軍基地《きち》を置いて使ってよいと定められていたからです。日本政府《せいふ》もアメリカ政府《せいふ》も、沖縄《おきなわ》にある米軍基地《きち》をずっと使うことに決めていました。

＊1951年に日本とアメリカとのあいだで結ばれた条約《じょうやく》。アメリカが日本に基地《きち》を置き、日本の周辺地域《ちいき》で軍事行動をとることを正当化した。日米安保条約《あんぽじょうやく》ともいう。

1952年から1960年のあいだに、日本本土にあった米軍基地《きち》は4分の1に減《へ》ったのですが、沖縄《おきなわ》では逆《ぎゃく》に2倍に増《ふ》えました。1969年ころから、さらに本土の基地《きち》は減《へ》って、日本全体の米軍基地《きち》の約4分の3が、国土面積のわずか0・6％の沖縄《おきなわ》に集中することになりました。

復帰《ふっき》によって、日本政府《せいふ》がアメリカにかわって、沖縄《おきなわ》の軍用地主と土地の契約《けいやく》を結ぶことになったとき、政府《せいふ》は、地代をそれまでの6倍に上げるという手段《しゅだん》をとりました。それによって、3万人いた地主のほとんどが、その条件《じょうけん》をのんだのです。しかし、3000人の地主は契約《けいやく》をこばみました。自分の土地を、戦争のために使ってほしくないという強い意志《いし》をもつこの人たちは、「反戦地主」とよばれるようになりました。

すると日本政府《せいふ》は、法律《ほうりつ》をつくって、米軍が基地《きち》に使用していた土地をそのまま5年間使えるようにしてしまいました。この法律《ほうりつ》の期限《きげん》が切れるとき、それでも396人が反戦地主として残っていました。昌鴻《しょうこう》も、もちろんそのうちのひとりです。

政府《せいふ》はさらに5年間、土地の利用期限《きげん》をのばし、「米軍用地特措法《とくそほう》」という法律《ほうりつ》をもちだしました。これは、総理《そうり》大臣が米軍基地《きち》に使用する土地を決め、地主が断《ことわ》った場合はかわりに市町村長が、それも断《ことわ》れば、かわりに県知事が同意できるという法律《ほうりつ》です。つまり、もともとの持ち主がどんなに反対しても、土地をとりあげてしまえるという法律《ほうりつ》なのです。

それでもなお、100名をこえる反戦地主が土地を手放さずにがんばりました。この人たちを支《ささ》えるために、ひとりが1坪《つぼ》の土地を買って支援《しえん》する「一坪《ひとつぼ》反戦地主運動」がおこりました。しかし政府《せいふ》は、さらに20年間、むりやり土地を使えるようにしてしまいました。

こうして、いまもなお沖縄《おきなわ》には、町を分けるように、また学校のすぐそばに、森に、港に、米軍基地《きち》があります。地図を見れば、細長い島のかなりの部分を基地《きち》がしめていることがわかるでしょう。

沖縄《おきなわ》が日本に復帰《ふっき》する数年前から、昌鴻《しょうこう》は、伊江島《いえじま》をたずねてくる人たちに自宅《じたく》で話をするようになりました。二度と戦争をおこさせないために、戦争の悲惨《ひさん》さを語りつづけようと決めたのです。そうしているうちに、戦争と平和を考える資料館《しりょうかん》を建てることを思いつきました。

「ほんとうの平和とはなにか。それは、からだの弱い人、障《しょう》がいのある人、お年より、みんなが助けあってゆたかにくらしていける、そういう世の中だ。わたしたちがまずそういう場所をつくって、そこで戦争の悲惨《ひさん》さと、平和のたいせつさを語り、ともに考えていきたい。

戦争がなぜおこるのか、そして、これからを生きる若《わか》い人や子どもたちが、どうしたら世界じゅうから戦争をなくし、すべての命をたいせつにできるのかを学びあえる、そんな場所をつくろう」

1984年、「わびあいの里」ができ、そのなかに畑や作業場、学習したり、語りあったり、泊《と》まったりできる「やすらぎの家」、反戦平和資料館《しりょうかん》「ヌチドゥタカラの家」が作られました。

資料館《しりょうかん》には、昌鴻《しょうこう》がひろい集めた不発弾《ふはつだん》や、米軍の演習《えんしゅう》に使われた核爆弾《かくばくだん》の模擬弾《もぎだん》、軍服、ヘルメット、写真、寄《よ》せ書き、絵など、戦争の歴史を伝える思いのこもった品々《しなじな》が展示《てんじ》され、どこにもないような資料館《しりょうかん》ができました。

全国各地から、海外からも人びとがたずねてくるようになり、昌鴻《しょうこう》は、来てくれた人たちみなに、心をこめて話します。

『ヌチドゥタカラ』とは『命こそが宝《たから》』だという意味です。この伊江島《いえじま》もね、海も動いているし、生きておる。すべての物に命がある。

畑のすみに捨《す》てられた軍手だって、こうつぶやいている。『おじい、まだは

「ヌチドゥタカラの家」のなかには、
さまざまな展示物《てんじぶつ》がところせましとならんでいます。

たらきたい』。だから、ひろって洗《あら》って、つくろってまた使う。物でもなんでも、生かしていかなければならない。

まして、命がそまつにあつかわれることがあってはならない。そのためには、戦争がない平和の島を、どうしてもつくっていかなければならないんだ」

たたかいをはじめたとき、なんの武器《ぶき》も持たない昌鴻《しょうこう》たちは、大きな武力《ぶりょく》を持つ米軍の前に、ひねりつぶされてしまいそうな存在《そんざい》でした。けれど、誠意《せいい》をもった行動と真実の声は、やがて米軍をも動かす大きな力に育っていきました。たとえ、うそを言ったり、暴力《ぼうりょく》をふるおうとする相手であっても、人間として話しかける、いつか人間にもどすことができる、そこから平和ははじまるのだと信じ、忍耐《にんたい》をもって、非暴力《ひぼうりょく》でたたかいつづけたからでしょう。

いまも沖縄《おきなわ》では、米軍基地《きち》に反対するたたかいがつづいています。名護《なご》市の東側の海岸、辺野古《へのこ》に新しい基地《きち》を作ることが決まった1999年から、反対のすわりこみがつづけられているのです。沖縄《おきなわ》の人ばかりでなく、日本全国から、海外からも平和を願う人びとが集まってきて、暴力《ぼうりょく》をふるわれても暴力《ぼうりょく》で返さず、暴力的《ぼうりょくてき》なことばもつつしむという、非暴力《ひぼうりょく》のたたかいかたを守っています。その精神《せいしん》は、昌鴻《しょうこう》たちがかかげた、伊江島《いえじま》の陳情規定《ちんじょうきてい》を受けついでいるのです。

ヌチドゥタカラの家で、子どもたちに平和とは何か、
と語りかける昌鴻《しょうこう》。となりは謝花悦子《じゃはなえつこ》さん。（撮影：張ヶ谷弘司）

海岸にたつすわりこみのテントのなかには、阿波根昌鴻《あはごんしょうこう》の写真がかざられていました。

2002年3月21日、昌鴻《しょうこう》は100歳《さい》で亡《な》くなりました。その後も「ヌチドゥタカラの家」をおとずれる人はあとをたちません。あとをついだ謝花悦子《じゃはなえつこ》さんが、昌鴻《しょうこう》の思いを語りつづけています。

阿波根昌鴻…年表

●1903年3月3日（明治36年）　沖縄県上本部村《おきなわけんかみもとぶそん》（現《げん》・本部町）に生まれる。

＊兵役を逃《のが》れるために、早く生まれたことにされたので戸籍《こせき》では1901年生まれとなっている。

●1918年（15歳《さい》）　沖縄《おきなわ》県立農学校に入学。

●1920年（17歳《さい》）　神経痛《しんけいつう》のため別府に温泉療法《おんせんりょうほう》へ。キリスト教の洗礼《せんれい》を受ける。

●1925年（22歳《さい》）　知念喜代《ちねんきよ》と結婚《けっこん》。出かせぎのためキューバにわたる。息子の昌健《しょうけん》が生まれる。

●1934年（31歳《さい》）　ペルーをへて帰国。京都に西田天香《てんこう》の一燈園《いっとうえん》をたずね、静岡県《しずおかけん》の沼津《ぬまづ》興農《こうのう》学園で学ぶ。伊江島《いえじま》へ帰り、農民学校建設《けんせつ》の準備《じゅんび》をはじめる。

●1944年（41歳《さい》）　息子の昌健《しょうけん》が兵隊に招集《しょうしゅう》される。

●1945年（42歳《さい》）　4月16日、伊江島《いえじま》に米軍が上陸。21日に伊江島《いえじま》の戦闘《せんとう》は終結。本島では6月まで沖縄《おきなわ》戦がつづき、昌健《しょうけん》も戦死した。

●1947年（44歳《さい》）　2年間の収容所《しゅうようじょ》生活のあと伊江島《いえじま》へ帰る。

●1953年（50歳《さい》）　米軍から、はじめて土地取り上げの通告を受ける。

●1955年（52歳《さい》）　3月、昌鴻《しょうこう》の家をふくむ13戸が破壊《はかい》、焼きはらわれる。6月、32名が米軍につかまり軍事裁判《さいばん》で有罪《ゆうざい》に。7月から「こじき行進」を開始。

●1961年（58歳《さい》）　「伊江島《いえじま》　土地を守る会」設立《せつりつ》。代表となる。

●1966年（63歳《さい》）　米軍のミサイル搭載《とうさい》船を島民たちが追い返す。中央労働学院に入学。

●1970年（67歳《さい》）　「団結《だんけつ》道場」建設《けんせつ》。

●1972年（69歳《さい》）　沖縄《おきなわ》が日本に復帰《ふっき》する。

●1984年（81歳《さい》）　「わびあいの里」開設《かいせつ》、「ヌチドゥタカラの家」開館。

●1985年（82歳《さい》）　防衛施設局《ぼうえいしせつきょく》の20年強制《きょうせい》使用申請《しんせい》にたいして違憲訴訟《いけんそしょう》をおこす。

●1989年（86歳《さい》）　反戦地主への不当差別課税《かぜい》にたいし、名護税務署《なごぜいむしょ》に税金還付請求《ぜいきんかんぷせいきゅう》をする。

●1991年（88歳《さい》）　反戦地主への経済《けいざい》差別を那覇地方裁判所《なはちほうさいばんしょ》にうったえる。

●1994年（91歳《さい》）　沖縄県《おきなわけん》功労賞を受賞。

●2000年（97歳《さい》）　わびあいの里主催《しゅさい》「平和サミット」に全国から850名が参加する。

●2002年（100歳《さい》）　3月21日、肺炎《はいえん》のため死去。

●2003年　第17回東京弁護士会人権賞《べんごしかいじんけんしょう》を受賞。

参考書籍など

●阿波根昌鴻『米軍と農民　沖縄県伊江島』（岩波新書　１９７３年）
●阿波根昌鴻『命こそ宝　沖縄反戦の心』（岩波新書　１９９２年）
●中野好夫・新崎盛暉『沖縄戦後史』（岩波新書　１９７６年）
●阿波根昌鴻『人間の住んでいる島　沖縄・伊江島土地闘争の記録』（１９８２年）
●大西忠保『あはごんしゅぎ　写真記録沖縄への旅』（ＰＨＯＴＯＳ舎　２００２年）
●高良勉『沖縄生活史』（岩波新書　２００５年）
●新崎盛暉『沖縄現代史』（岩波新書　２００５年）
●『伊江島平和ガイドマップ解説書』（一般財団法人わびあいの里　２００５年）
●張ヶ谷弘司『天国へのパスポート　ある日の阿波根昌鴻さん』（２０１５年）
●『阿波根昌鴻資料１　真謝日記』（反戦平和資料館ヌチドゥタカラの家　２０１７年）
●高岩仁監督「教えられなかった戦争　沖縄編　阿波根昌鴻・伊江島のたたかい」（映像文化協会　１９９８年）
●「命どぅ宝」（劇団文化座公演　２０１７年）

写真提供　104、107ページ…沖縄県公文書館
127、130、132、134、135、137、138、141、150、157ページ…一般財団法人わびあいの里

沖縄《おきなわ》の人びとに「カメさん」と親しまれた不屈《ふくつ》の人

瀬長亀次郎《せなが かめじろう》

1907～2001年

瀬長亀次郎《せながかめじろう》は、沖縄《おきなわ》県豊見城《とみぐすく》村に生まれました。太平洋戦争のあと、アメリカに占領《せんりょう》された沖縄《おきなわ》で、亀次郎《かめじろう》は新聞記者として米軍の横暴《おうぼう》をペンの力でうったえ、「うるま新報《しんぽう》」という新聞社の社長になりました。

1952年、新たにつくられる琉球政府《りゅうきゅうせいふ》の立法院《りっぽういん》（国会にあたる）選挙で亀次郎《かめじろう》はトップ当選します。議員が宣《せん》誓《せい》する式典で、アメリカ国旗にたいして帽子《ぼうし》をとらず、ひとりだけすわりつづけ、米軍支配《しはい》に抗議《こうぎ》しました。そのために危険人物《きけんじんぶつ》とみなされ、逮捕《たいほ》されてしまいます。

２年後の1956年にようやく解放《かいほう》された亀次郎《かめじろう》は、「土地を守る協議会」（事務局長《じむきょくちょう》は阿波根昌鴻《あはごんしょうこう》）の理事として県民大会に出席し、「１リットルの水も、１つぶの砂《すな》も、１坪《つぼ》の土地もアメリカのものではない」と演説《えんぜつ》して喝采《かっさい》をあびました。そして同年、那覇《なは》市長選挙に当選します。

米民政府《べいみんせいふ》は、亀次郎《かめじろう》をこまらせるために、那覇《なは》市への補助金《ほじょきん》を止めてしまいました。しかし、亀次郎《かめじろう》を支持《しじ》するおおぜいの市民が自分から税金《ぜいきん》を納《おさ》めにやってきて、市は財政《ざいせい》の危機《きき》をのりきりました。

その後もさまざまな嫌《いや》がらせがつづき、とうとう米軍は、特別の命令で亀次郎《かめじろう》を沖縄《おきなわ》から追放してしまいます。

しかし、米軍の圧力《あつりょく》に屈《くっ》しなかった亀次郎《かめじろう》は「カメさん」とよばれて人びとに愛され、1970年から７期連続で衆議院《しゅうぎいん》議員に当選。復帰《ふっき》後もつづく沖縄《おきなわ》の苦難《くなん》を国会でうったえつづけたのです。

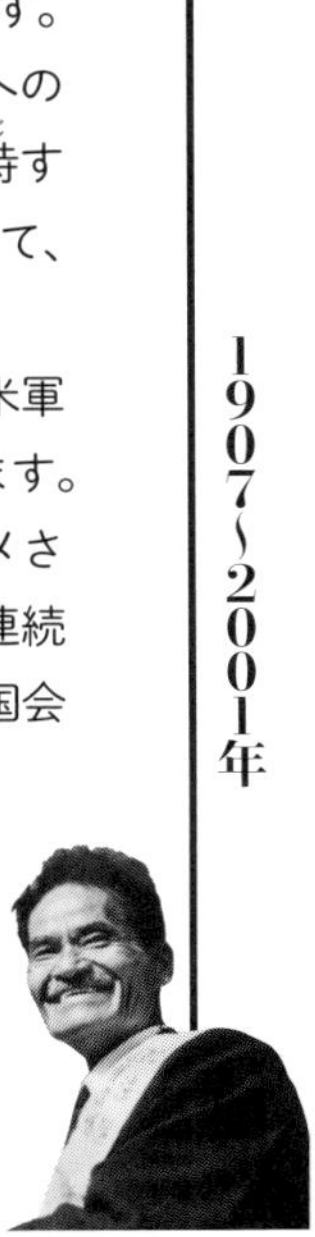
提供：不屈館

亀次郎《かめじろう》が93歳《さい》になった2001年、入院先で100歳《さい》ちかい阿波根昌鴻《あはごんしょうこう》と再会《さいかい》しています。亀次《かめじ》郎《ろう》は同年、昌鴻《しょうこう》は翌年《よくねん》に亡《な》くなりました。那覇《なは》市には、亀次郎《かめじろう》を記念する「不屈館《ふくつかん》」があります。

非暴力《ひぼうりょく》の抵抗《ていこう》を思想として確立《かくりつ》した

ヘンリー・デイヴィッド・ソロー

Henry David Thoreau

1817~1862年

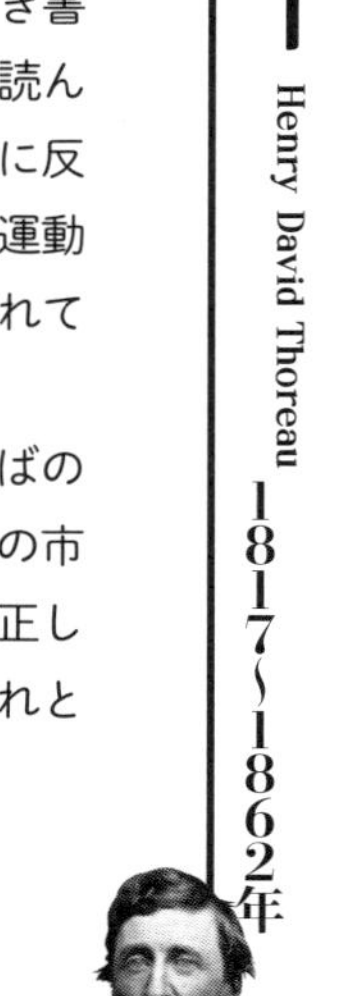

19世紀のアメリカの作家ソローは、森の中に丸太小屋を建てて自給自足の生活をしていましたが、黒人奴隷《どれい》制度《せいど》と、メキシコとの戦争に反対して、税金《ぜいきん》をおさめませんでした。そのために、ろうやに入れられてしまいました。

ソローは、政府《せいふ》のやることがまちがっていると思ったときには、市民は自分の考えにしたがって、「税金《ぜいきん》をおさめない（納税拒否《のうぜいきょひ》）」などの平和的（非暴力《ひぼうりょく》）な手段《しゅだん》にうったえ、抵抗《ていこう》する権利《けんり》をもっていると考えました。この経験《けいけん》をまとめた講演録《こうえんろく》「市民の反抗《はんこう》」は、20世紀になると世界じゅうで読まれるようになりました。イギリスの支配《しはい》からインドを独立《どくりつ》にみちびいたガンディーも、肌《はだ》身《み》はなさず持ち歩きました。この本は、第２次世界大戦中のヨーロッパでは、ナチスに対抗《たいこう》するための手引き書となり、黒人差別とたたかったキング牧師《ぼくし》（4巻《かん》）も読んで感動しました。ベトナム戦争のさなかには、戦争に反対する人たちのあいだで読まれ、その後も環境保護《かんきょうほご》運動など、さまざまな市民運動をする人たちに読みつがれてきました。

講演録《こうえんろく》は「市民的不服従《しみんてきふふくじゅう》」と改題され、このことばの起源《きげん》となりました。ソローは、たとえ力のない少数の市民でも、非暴力《ひぼうりょく》の方法を使って全力で抵抗《ていこう》すれば、正しい主張《しゅちょう》をするすべての人間をろうやに入れるか、それともやりかたをあらためるか、という選択《せんたく》を権力《けんりょく》をもつ政府《せいふ》に迫《せま》ることができると、世界じゅうの人に伝えました。

著者略歴

たからしげる（「マハトマ・ガンディー」担当）

新聞記者のかたわら児童書を書きはじめ，その後フリーの作家に。日本文藝家協会，日本児童文芸家協会会員。作品に「絶品らーめん魔神亭」シリーズ（ポプラ社，第4巻はAmazonオンデマンド），『盗まれたあした』（小峰書店）ほか。

堀切リエ（「阿波根昌鴻」担当）

出版社勤務をへて，現在はフリーの編集者・作家。日本ペンクラブ「子どもの本」委員。作品に『伝記を読もう　田中正造』（あかね書房），『日本の伝説　はやたろう』『日本の伝説　きつねの童子　安倍晴明伝』（ともに子どもの未来社）などがある。

カバー・本文イラスト　野見山響子

協力　謝花悦子（一般財団法人わびあいの里）

非暴力の人物伝 1

マハトマ・ガンディー／阿波根昌鴻《あはごんしょうこう》

支配とたたかった人びと

2018年7月13日　第1刷発行

著者　たからしげる　堀切リエ
発行者　中川　進
発行所　株式会社 大月書店
〒113－0033　東京都文京区本郷2－27－16
電話(代表)03－3813－4651　FAX 03－3813－4656
振替00130－7－16387
http://www.otsukishoten.co.jp/
装幀　なかねひかり
印刷　三晃印刷
製本　ブロケード

ISBN978－4－272－40981－5　C8323　　Printed in Japan

1930 1940 1950 1960 1970 1980 1990 2000 2010

・「塩の行進」
・インド独立
1948

・伊江島に帰り農民学校を準備
・米軍が沖縄に上陸
・伊江島の土地が米軍にとりあげられる
・「伊江島　土地を守る会」結成
・沖縄が日本に復帰
・「ヌチドゥタカラの家」開館
2002

・「サーカス」
・「街の灯」
・「モダン・タイムス」
・「独裁者」
・「殺人狂時代」
・「ライムライト」
・アメリカから追放
・スイスで晩年をおくる
1977

・「ゲルニカ」を描く
・平和擁護世界大会のポスターを描く
1973

1940
誕生

ワンガリ・マータイ
・アメリカに留学
・全国女性評議会の議長に
・グリーンベルト運動をはじめる
3巻
2011
・来日して「もったいない」キャンペーンを開始

1929
誕生
・牧師になる
・バス・ボイコット運動
・ワシントン大行進で「わたしには夢がある」と演説
・公民権法成立
1968

・アパルトヘイト政策がはじまる
・不服従運動をひきいる
・終身刑の判決
・27年におよぶ獄中生活
・釈放される
・大統領に当選
・アパルトヘイト撤廃
・大統領を退任
2013

・婦人参政権が実現し初の総選挙
・核兵器禁止、平和運動にとりくむ
1971

・北海道・二風谷のアイヌコタンに育つ
・アイヌの民具や民話の収集をはじめる
・アイヌ語と風習の復活にとりくむ
・二風谷アイヌ資料館を開館
・イオマンテをとりおこなう
・国会議員に当選
・アイヌ文化振興法成立
2006

・ファシズムの台頭
・第2次世界大戦
・東西冷戦
・ベトナム戦争
・湾岸戦争
・「テロとの戦い」
・イラク戦争

・軍国主義の時代
・敗戦
・日本国憲法制定
・高度経済成長
・バブル崩壊
・東日本大震災